きまぐれロボット

星《ほし》 新一《しんいち》・作《さく》
あらゐけいいち・絵《え》

角川つばさ文庫
読書工房めじろーブックス

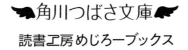

目次《もくじ》

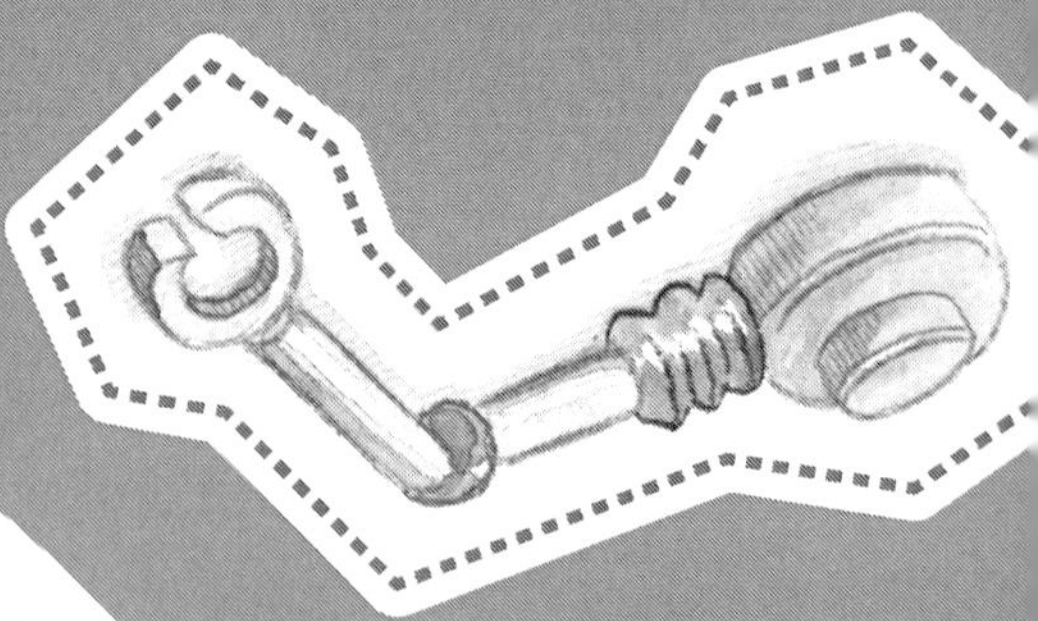

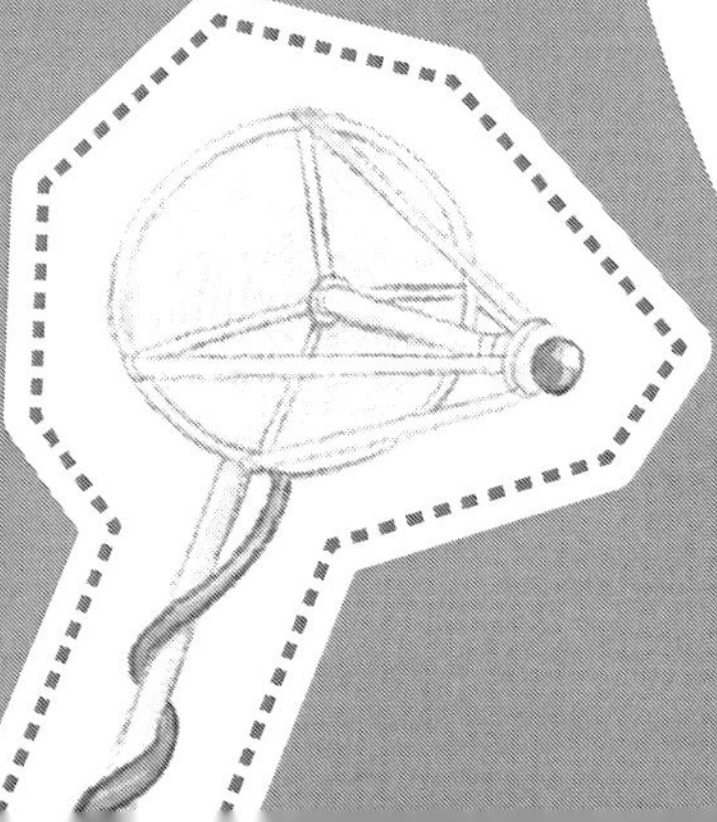

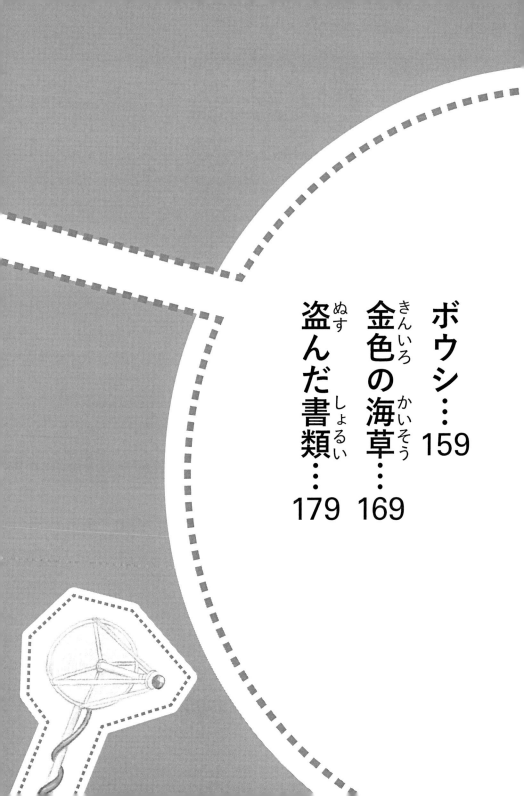

ショートショートとは、

400字詰《じづ》めの原稿用紙《げんこうようし》で

10枚程度《まいていど》の短《みじか》い小説《しょうせつ》のことです。

星新一《ほししんいち》は1001編《ぺん》以上《いじょう》の

ショートショートを発表《はっぴょう》し、

「ショートショートの神様《かみさま》」と

呼《よ》ばれました。

27編《へん》のショートショート、

じっくりとお楽《たの》しみください。

新発明《しんはつめい》の

マクラ

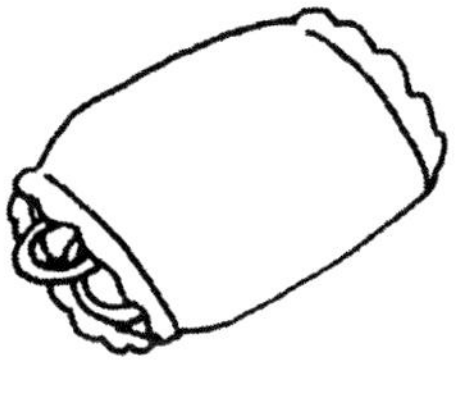

「やれやれ、なんとか大発明《だいはつめい》が完成《かんせい》した」

小《ちい》さな研究室《けんきゅうしつ》のなかで、エフ博士《はかせ》は声《こえ》をあげた。それを耳《みみ》にして、おとなりの家《いえ》の主人《しゅじん》がやってきて聞《き》いた。

「なにを発明《はつめい》なさったのですか。見《み》たところ、マクラのようですが」

そばの机《つくえ》の上《うえ》に大事《だいじ》そうに置《お》いてある品《しな》は、大《おお》きさといい形《かたち》といい、マクラによく似《に》ている。

「たしかに、眠《ねむ》る時《とき》に頭《あたま》をのせるためのものだ。

しかし、ただのマクラではない」

と、博士《はかせ》はなかをあけて、指《ゆび》さした。電気部品《でんきぶひん》が、ぎっしりとつまっている。おとなりの主人《しゅじん》は、目《め》を丸《まる》くして質問《しつもん》した。

「すごいものですね。これを使《つか》うと、すばらしい夢《ゆめ》でも見《み》られるのでしょうか」

「いや、もっと役《やく》に立《た》つものだ。眠《ねむ》っていて勉強《べんきょう》ができるしかけ。つまり、マクラのなかにたくわえてある知識《ちしき》が、電磁波《でんじは》の作用《さよう》によって、眠《ねむ》っているあいだに、頭《あたま》のなかに送《おく》りこまれるというわけだ」

「なんだか便利《べんり》そうなお話《はなし》ですが、それで、どんな勉強《べんきょう》ができるのですか」

「これはまだ試作品《しさくひん》だから、英語《えいご》だけだ。眠《ねむ》っているうちに、英語《えいご》が話《はな》せるようになる。しかし、改良《かいりょう》を加《くわ》えれば、ほかの勉強《べんきょう》にも、同《おな》じように使《つか》えることになるだろう」

「驚《おどろ》くべき発明《はつめい》ではありませんか。どんななまけ者《もの》でも、夜《よる》、これをマクラにして寝《ね》ていさえすれば、なんでも身《み》についてしまうのですね」

おとなりの主人《しゅじん》は、ますます感心《かんしん》する。博士《はかせ》は、とくいげにうなずいて答《こた》えた。

「その通《とお》りだ。近《ちか》ごろは、努力《どりょく》をしたがらない人《ひと》が多《おお》い。そんな人《ひと》たちが、買《か》いたがるだろう。おかげで、わたしも大《おお》もうけができる」

「ききめが本当《ほんとう》にあるのなら、だれもが欲《ほ》しがるにきまっていますよ」

「もちろん、ききめはあるはずだ」

おとなりの主人《しゅじん》は、それを聞《き》きとがめた。

「というと、まだたしかめてないのですか」

「ああ、わたしはこの研究《けんきゅう》に熱中《ねっちゅう》し、そして完成《かんせい》した。しかし考《かんが》えてみると、わたしはすでに英語《えいご》ができる。だから、自分《じぶん》でたしかめてみることが、できないのだ」

と、博士《はかせ》は少《すこ》し困《こま》ったような顔《かお》になった。おとなりの主人《しゅじん》は、恥《は》ずかしそうに身《み》を乗《の》り出《だ》して言《い》った。

「それなら、わたしに使《つか》わせて下《くだ》さい。勉強《べんきょう》はめんどくさいが、英語《えいご》がうまくなりたいと思《おも》っていたところです。ぜひ、お願《ねが》いします」

「いいとも。やれやれ、こうすぐに希望者《きぼうしゃ》があらわれるとは、思《おも》わなかった」

「どれくらい、かかるのでしょうか」

「一ヵ月《いっかげつ》ぐらいで、かなり上達《じょうたつ》するはずだ」

「ありがとうございます」

と、おとなりの主人《しゅじん》は、新発明《しんはつめい》のマクラを持《も》って、うれしそうに帰《かえ》っていった。しかし、二《に》ヵ月《げつ》ほどたつと、つまらなそうな顔《かお》で、エフ博士《はかせ》にマクラを返《かえ》しにきた。

「あれから、ずっと使《つか》ってみましたが、いっこうに英語《えいご》が話《はな》せるようになりません。もう、やめます」

博士《はかせ》はなかなかを調《しら》べ、つぶやいた。

「おかしいな。故障《こしょう》はしていない。どこかが、まちがっていたのだろうか」

だが、ききめがなければ、使《つか》い物《もの》にならない。せっかくの発明《はつめい》も、だめだったようだ。

それからしばらくして、エフ博士《はかせ》は道《みち》でおとなりの女《おんな》の子《こ》に会《あ》った。声《こえ》をかける。

「そのご、おとうさんはお元気《げんき》かね」

「ええ。だけど、ちょっとへんなことがあるわ。このごろ、ねごとを英語《えいご》で言《い》うのよ。いままで、こんなことなかったのに。どうしたのかしら」

眠《ねむ》っているあいだの勉強《べんきょう》が役《やく》に立《た》つのは、やはり、眠《ねむ》っている時《とき》だけなのだった。

試作品
し　さく　ひん

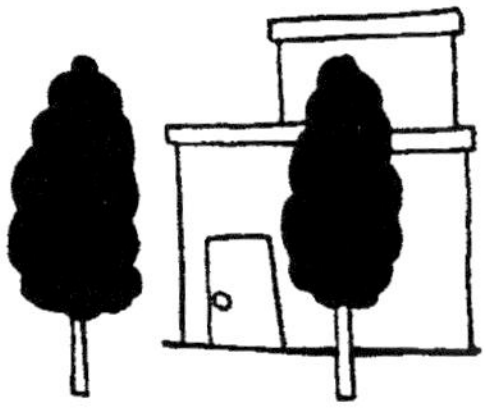

エム博士《はかせ》の研究所《けんきゅうじょ》は、静《しず》かな林《はやし》のなかにあった。博士《はかせ》はそこにひとりで住《す》んでいる。町《まち》から遠《とお》くはなれているので、だれもめったにたずねてこない。

しかし、ある日《ひ》、あまり人相《にんそう》のよくない男《おとこ》がやってきた。

「どなたでしょうか」

と博士《はかせ》が聞《き》くと、男《おとこ》はポケットから拳銃《けんじゅう》を出《だ》し、それをつきつけながら言《い》った。

「強盗《ごうとう》だ。おとなしく金《かね》を出《だ》せ」

「とんでもない。わたしは貧乏《びんぼう》な、ただの学者《がくしゃ》だ。もっとも、長《なが》いあいだの研究《けんきゅう》がやっと完成《かんせい》したから、まもなく景気《けいき》がよくなるだろう。しかし、いまのところは、金《かね》などない」

こうエム博士《はかせ》は答《こた》えたが、そんなことで、強盗《ごうとう》は引《ひ》きさがりはしない。

「では、その研究《けんきゅう》の試作品《しさくひん》をよこせ。どこかの会社《かいしゃ》に持《も》ちこんだら、高《たか》い金《かね》で買《か》いとってくれるだろう」

「だめだ。渡《わた》さない。ひとの研究《けんきゅう》を横取《よこど》りしようというのは、よくない精神《せいしん》だぞ」

「それなら、ひとりで探《さが》し出《だ》してみせる」

強盗《ごうとう》は、逃《に》げ出《だ》さないようにと、博士《はかせ》の手《て》を引《ひ》っぱって、研究所《けんきゅうじょ》のなかを調《しら》べまわった。しかし、試作品《しさくひん》らしいものは、どこにも見《み》あたらない。

最後《さいご》に小《ちい》さな地下室《ちかしつ》をのぞいた。なかはがらんとしていて、机《つくえ》とイスが置《お》いてあるだけだった。

強盗《ごうとう》は博士《はかせ》に言《い》った。

「どうしても渡《わた》さない気《き》なら、ただではすまないぞ」

「拳銃《けんじゅう》の引金《ひきがね》をひくつもりなのか」

「いや、殺《ころ》してしまっては、品物《しなもの》が手《て》に入《はい》らない。いやでも渡《わた》す気《き》になる方法《ほうほう》を、考《かんが》えついたのだ。さあ、この地下室《ちかしつ》に入《はい》れ」

「いったい、わたしをどうしようというのだ」

「あなたを、このなかにとじこめる。おれは、入《い》口《ぐち》でがんばることにする。そのうち、空腹《くうふく》のため悲鳴《ひめい》をあげるだろう。品物《しなもの》を渡《わた》す気《き》になったら、すぐに出《だ》してやる」

「ひどいことを思《おも》いついたな。だが、そんな目《め》にあわされても、決《けっ》して渡《わた》さないぞ」

博士《はかせ》はあくまでことわり、ついに地下室《ちかしつ》に押《お》しこまれてしまった。

かくして、一日《いちにち》がたった。強盗《ごうとう》は入口《いりぐち》の戸《と》のそとから、声《こえ》をかけた。

「さぞ、おなかがすいたことだろう。いいかげんで、あきらめたらどうだ。こっちは食料《しょくりょう》があるから、当分《とうぶん》は大丈夫《だいじょうぶ》だ」

「いや、わたしは絶対《ぜったい》に負《ま》けないぞ」

「やせがまんをするなよ」

しかし、その次《つぎ》の日《ひ》も、そのまた次《つぎ》の日《ひ》も同《おな》じことだった。声《こえ》をかけると、なかで博士《はかせ》が元気《げんき》に答《こた》える。時《とき》には、のんきに歌《うた》う声《こえ》も聞《き》こえてくる。

一週間《いっしゅうかん》たち、十日《とおか》が過《す》ぎた。まだ博士《はかせ》は降参《こうさん》しない。そのころになると、強《ごう》盗《とう》のほうが弱《よわ》ってきた。手持《ても》ちの食料《しょくりょう》もなくなりかけてきたし、戸《と》のそとでがんばっているのにも、あきた。それに、なにも食《た》べないでいるはずなのに、あいかわらず元気《げんき》な博士《はかせ》が、うすきみ悪《わる》く思《おも》えてきたのだ。

「もうあきらめた。いつまでいても、きりがなさそうだ。引《ひ》きあげることにするよ」

強盗《ごうとう》は、すごすご帰《かえ》っていった。エム博士《はかせ》は地下室《ちかしつ》から出《で》てきて、ほっとため息《いき》をついた。それから、こうつぶやいた。

「やれやれ、やっと助《たす》かった。試作品《しさくひん》が地下室《ちかしつ》にあったとは、強盗《ごうとう》も気《き》がつかなかったようだ。わたしの完成《かんせい》した研究《けんきゅう》とは、食《た》べることのできる机《つくえ》やイスを作《つく》ることだったのだ。おかげで、その作《さ》用《よう》を自分《じぶん》でたしかめることになってしまった。栄《えい》養《よう》の点《てん》はいいが、もう少《すこ》し味《あじ》をよくする必要《ひつよう》もあるな。きっと将来《しょうらい》は、宇宙船内《うちゅうせんない》や惑星基地《わくせいきち》での机《つくえ》やイスには、すべてこれが使《つか》われるようになるだろう。そして、万一《まんいち》の場合《ばあい》には、大《おお》いに役《やく》に立《た》つにちがいない」

薬《くすり》の

ききめ

お金持《かねも》ちのアール氏《し》のところへ、ひとりの男《おとこ》がたずねてきた。

「どなたです。そして、ご用件《ようけん》はなんですか」

とアール氏《し》が聞《き》くと、男《おとこ》は答《こた》えた。

「わたしは発明家《はつめいか》です。じつは研究《けんきゅう》を重《かさ》ねたあげく、すばらしい薬《くすり》を、やっと完成《かんせい》しました。あなたに応援《おうえん》していただいて、どんどん作《つく》って売《う》れば、おたがいに大《おお》もうけができると思《おも》います。いかがなものでしょう」

「ああ、有利《ゆうり》な事業《じぎょう》なら、資金《しきん》を出《だ》してもいい。しかし、いったい、どんな薬《くすり》なのだ」

男《おとこ》は錠剤《じょうざい》の入《はい》ったビンを取《と》り出《だ》し、そばの机《つくえ》の上《うえ》に置《お》きながら言《い》った。

「忘《わす》れてしまったことを、思《おも》い出《だ》す薬《くすり》です」

「なるほど、おもしろい作用《さよう》だな。それで、使《つか》い方《かた》はどうなのだ」

「簡単《かんたん》です。飲《の》めばいいのです。この一錠《いちじょう》を飲《の》めば、きのうのことを、すっかり思《おも》い出《だ》します。また、二錠《にじょう》ならおとといのこと、三錠《さんじょう》なら三日前《みっかまえ》のこと、といったぐあいです」

アール氏《し》はビンをながめ、質問《しつもん》した。

「いろいろな大《おお》きさの錠剤《じょうざい》があるようだが、それはなぜだ」

「成分《せいぶん》は同《おな》じですが、量《りょう》が多《おお》くなっています。中《ちゅう》型《がた》のは一錠《いちじょう》でひと月前《つきまえ》のことを、大型《おおがた》のは、一《いち》錠《じょう》を飲《の》めば一年前《いちねんまえ》のことを思《おも》い出《だ》すのです。だから、うまく組合《くみあ》わせて飲《の》めば、過《す》ぎさったどの日《ひ》のことでも、思《おも》い出《だ》せるわけです」

「しかし、どんな役《やく》に立《た》つのだろう」

「あらゆる方面《ほうめん》で、役《やく》に立《た》ちます。忘《わす》れっぽくなった老人《ろうじん》でも、これがあれば若《わか》い人《ひと》に負《ま》けずに働《はたら》けます。また、メモや日記《にっき》をつけるひまもないほどいそがしい人《ひと》も、安心《あんしん》して仕事《しごと》に熱中《ねっちゅう》できることでしょう」

「世《よ》の中《なか》のためにもなりそうだな。だけど、これに害《がい》はないだろうな」

「もちろん、その点《てん》は大丈夫《だいじょうぶ》です。わたしも使《つか》ってみましたし、動物《どうぶつ》を使《つか》っての実験《じっけん》も、何度《なんど》もやってたしかめました」

男《おとこ》は書類《しょるい》を出《だ》してくわしく説明《せつめい》しようとしたが、アール氏《し》は手《て》を振《ふ》った。

「たしかに無害《むがい》なら、それでいい。となると、問《もん》題《だい》は、はたして効果《こうか》があるかどうかだ。いま、自《じ》分《ぶん》で飲《の》んで、ためしてみることにする。それで確《かく》実《じつ》とわかれば、資金《しきん》を出《だ》すことにしよう」

「何錠《なんじょう》ぐらい、お飲《の》みになりますか」

「たくさんくれ。十歳《じっさい》ぐらいだったころのことを、思《おも》い出《だ》してみたいのだ。そんな昔《むかし》のことでも、効《こう》果《か》はあるのだろうな」

「まだ、わたしはやってみませんが、あるはずです。それよりも以前《いぜん》の、うまれたてのころとか、うまれる前《まえ》となるとむりですが」

「では、やってみることにしよう」

アール氏《し》は錠剤《じょうざい》の数《かず》をかぞえ、コップの水《みず》で、つぎつぎに飲《の》みこんだ。そして、目《め》をとじてイスにかけていたが、やがて目《め》を開《ひら》いた。待《ま》ちかまえていた男《おとこ》は、身《み》を乗《の》り出《だ》して聞《き》いた。

「いかがでしたか」

「うむ。すばらしいききめだ。子供《こども》のころのことを、ありありと思《おも》い出《だ》せた。とてもなつかしい気分《きぶん》を、味《あじ》わえた」

「それは、けっこうでした。では、資金《しきん》を出《だ》していただけるわけですね」

「いや。そのつもりだったが、気《き》が変《かわ》った」

アール氏《し》は首《くび》を振《ふ》り、男《おとこ》はふしぎそうに文句《もんく》を言《い》った。

「それでは、お約束《やくそく》とちがうではありませんか。なぜです」

「知《し》りたければ、いまと同《おな》じ量《りょう》の薬《くすり》を飲《の》んでみたらいい。すっかり忘《わす》れていたが、子供《こども》のころ、近所《きんじょ》にいじわるな子《こ》が住《す》んでいて、わたしはよくいじめられた。こんなやつとは、二度《にど》とつきあうまいと決心《けっしん》したものだった。そいつとは……」
こう言《い》いながら、アール氏《し》は前《まえ》にいる男《おとこ》の顔《かお》を指《ゆび》さしたのだ。

悪魔
あくま

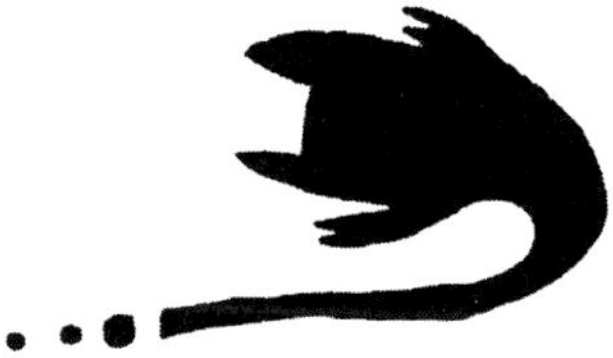

その湖《みずうみ》は、北《きた》の国《くに》にあった。広《ひろ》さはそれほどでもないが、たいへん深《ふか》かった。しかし、いまは冬《ふゆ》で、厚《あつ》く氷《こおり》がはっていた。

エス氏《し》は休日《きゅうじつ》を楽《たの》しむため、ここへやってきた。そして、湖《みずうみ》の氷《こおり》に小《ちい》さな丸《まる》い穴《あな》をあけた。そこから糸《いと》をたらして、魚《さかな》を釣《つ》ろうというのだった。だが、なかなか魚《さかな》がかからない。

「おもしろくないな。なんでもいいから、ひっかかってくれ」

こうつぶやいて、どんどん釣糸《つりいと》をおろしていると、なにか手《て》ごたえがあった。

「しかし、魚《さかな》ではないようだ。なんだろう」

引《ひ》っぱりあげてみると、古《ふる》いツボのようなものが、針《はり》にひっかかっていた。

「こんなものでは、しようがないな。捨《す》てるのもしゃくだが、古道具屋《ふるどうぐや》へ持《も》っていっても、そう高《たか》くは買《か》ってくれないだろう。ひとつ、なかを調《しら》べてみるとするか」

なにげなくフタを取《と》ると、黒《くろ》っぽい煙《けむり》が立《た》ちのぼった。あわてて目《め》を閉《と》じ、やがて少《すこ》しずつ目《め》をあけると、ツボのそばに、みなれぬ相手《あいて》が立《た》っている。色《いろ》の黒《くろ》い小《ちい》さな男《おとこ》で、耳《みみ》がとがっていて、しっぽがあった。

「いったい、なにものだ」

エス氏《し》がふしぎそうに聞《き》くと、相手《あいて》はにやにや笑《わら》ったような顔《かお》で答《こた》えた。

「わたしは悪魔《あくま》」

「なるほど。本《ほん》の絵《え》にある悪魔《あくま》も、そんなかっこうをしていたようだ。しかし、本当《ほんとう》にいるとは思《おも》わなかったな」

「信《しん》じたくない人《ひと》は、信《しん》じないでいればいい。だが、わたしはちゃんと、ここにいる」

エス氏《し》は何度《なんど》も目《め》をこすり、気持《きも》ちをおちつけ、おそるおそる質問《しつもん》した。

「なんで、こんなところに、あらわれたのです」

「そのツボにはいり、湖《みずうみ》の底《そこ》で眠《ねむ》っていたのだ。

そこを引《ひ》っぱりあげられ、おまえに起《お》こされたというわけだ。さて、久《ひさ》しぶりに、なにかするとしようか」

「どんなことが、できるのです」

「なんでもできる。なにをやってみせようか」

エス氏《し》はしばらく考《かんが》え、こう申《もう》し出《で》た。

「いかがでしょう。わたしにお金《かね》を、お与《あた》え下《くだ》さいませんか」

「なんだ。そんなことか。わけはない。ほら」

悪魔《あくま》は氷《こおり》の穴《あな》に、ちょっと手《て》をつっこんだかと思《おも》うと、一枚《いちまい》の金貨《きんか》をさし出《だ》した。

あっけないほど簡単《かんたん》だった。エス氏《し》が手《て》にとってみると、本物《ほんもの》の金貨《きんか》にまちがいない。

「ありがとうございます。すばらしいお力《ちから》です。もっといただけませんでしょうか」

「いいとも」

こんどは、ひとにぎりの金貨《きんか》だった。

「ついでですから、もう少《すこ》し」

「よくばりなやつだ」

「なんと言《い》われても、こんな機会《きかい》をのがせるものではありません。お願《ねが》いです」

エス氏《し》は何回《なんかい》もねばり、悪魔《あくま》はそのたびに金貨《きんか》を出《だ》してくれた。そのうち、つみあげられた金貨《きんか》の光《ひかり》で、あたりはまぶしいほどになった。

「まあ、これぐらいでやめたらどうだ」

と悪魔《あくま》は言《い》ったが、エス氏《し》は熱心《ねっしん》にたのんだ。

こんなうまい話《はなし》には、二度《にど》とお目《め》にかかれないだろうと考《かんが》えたからだ。

「そうおっしゃらずに、もう少《すこ》し。こんど一回《いっかい》でけっこうです。ですから、あと一回《いっかい》だけ」

悪魔《あくま》はうなずき、また金貨《きんか》をつかみ出《だ》し、そばに置《お》いた。

その時《とき》、ぶきみな音《おと》が響《ひび》きはじめた。金貨《きんか》の重《おも》みで、氷《こおり》にひびがはいりはじめたのだ。そうと気《き》づいて、エス氏《し》は大急《おおいそ》ぎで岸《きし》へとかけだした。

やっとたどりつき、ほっとしてふりかえってみると、氷《こおり》は大《おお》きな音《おと》をたてて割《わ》れ、金貨《きんか》もツボも、かん高《だか》い笑《わら》い声《ごえ》をあげている悪魔《あくま》も、みな湖《みずうみ》の底《そこ》へと消《き》えていった。

災難
_{さい なん}

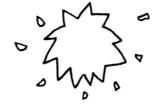

その男《おとこ》は、何匹《なんびき》かのネズミを飼《か》っていた。かず多《おお》くのなかから選《えら》んだ、敏感《びんかん》な性質《せいしつ》のネズミばかりだった。

男《おとこ》は毎日《まいにち》、おいしいエサを作《つく》ってやったり、からだを洗《あら》ってやったり、熱心《ねっしん》にせわをした。ネズミが病気《びょうき》になると、自分《じぶん》のこと以上《いじょう》に心配《しんぱい》する。ネズミのほうも、男《おとこ》によくなついていた。晴《は》れた日《ひ》には庭《にわ》でなかよく遊《あそ》び、雨《あめ》の日《ひ》には家《いえ》のなかでかくれんぼなどをする。また、旅行《りょこう》する時《とき》もいっしょだった。

しかし、男《おとこ》がネズミとくらしているのは、かわいがるだけが目的《もくてき》ではなかった。男《おとこ》はいつも、背《せ》中《なか》をなでてやりながら、こんなことをつぶやく。

「考《かんが》えてみると、おまえたちがいなかったら、わたしは何回《なんかい》も災難《さいなん》にあっていただろうな」

ネズミには、近《ちか》づいてくる危険《きけん》を、あらかじめ感《かん》じとる力《ちから》があるのではないだろうか。男《おとこ》はこのことに気《き》づき、その利用《りよう》を思《おも》いたったのだ。そして研究《けんきゅう》は成功《せいこう》し、役《やく》に立《た》った。

かつて、ある日《ひ》、ネズミたちが、とつぜん家《いえ》から逃《に》げ出《だ》したことがあった。わけがわからないながらも、男《おとこ》はそれを追《お》いかけ、連《つ》れもどそうとした。

その時《とき》、激《はげ》しい地震《じしん》がおこった。さいわい外《そと》にいたから助《たす》かったが、もし家《いえ》に残《のこ》っていたら、倒《たお》れた建物《たてもの》の下敷《したじ》きになっていたはずだ。死《し》なないまでも、大《おお》けがをしたにちがいない。

また、こんなこともあった。船《ふね》に乗《の》ろうとした時《とき》、連《つ》れてきたネズミたちが、カバンのなかでさわぎはじめた。乗《の》るのをやめると、ネズミたちは静《しず》かになり、出航《しゅっこう》した船《ふね》は、嵐《あらし》にあって沈《しず》んでしまった。

こんなふうに、ネズミのおかげで助《たす》かったことは、ほかに何回《なんかい》もあった。それらを思《おも》い出《だ》しながら、

「なにしろ、事故《じこ》や災害《さいがい》の多《おお》い世《よ》の中《なか》だ。これからも、おたがいに助《たす》けあっていこう」

と男《おとこ》がエサをやっていると、ネズミたちがそわそわしはじめた。いままでに危険《きけん》が迫《せま》った時《とき》、いつも示《しめ》した動作《どうさ》だった。

「ははあ、なにかがおこるのだな。こんどは、なんだろう。火事《かじ》だろうか、大水《おおみず》だろうか。いずれにせよ、さっそく引《ひ》っ越《こ》すことにしよう」

急《いそ》ぐとなると、その家《いえ》を高《たか》く売《う》ることはできなかった。また、安《やす》い家《いえ》をゆっくりさがしているひまもなかった。しかし、それぐらいの損《そん》はしかたがない。ぐずぐずしていて、災難《さいなん》にあったらことだ。

新《あたら》しい家《いえ》に移《うつ》ると、ネズミたちのようすは、もとにもどった。気分《きぶん》が落《お》ちつくと、男《おとこ》はあわなくてすんだ災難《さいなん》がなんだったかを、知《し》りたくなった。そこで、電話《でんわ》をかけて聞《き》いてみることにした。

「もしもし、わたしは前《まえ》に、その家《いえ》に住《す》んでいた者《もの》です。ちょっと、お聞《き》きしたいことが……」

「なんでしょうか。なにか忘《わす》れ物《もの》ですか」

「そうではありません。わたしが越《こ》したあと、そちらでなにか、変《かわ》ったことがあったかどうかを知《し》りたいのです」

「さあ、べつにないようですね」

「そんなはずは、ありませんよ。よく考《かんが》えてみて下《くだ》さい」

「そういえば、あれからまもなく、となりの家《いえ》に住《す》んでいた人《ひと》もかわりましたよ。そんなことぐらいです」

「そうですか。こんどの人《ひと》は、どんなかたですか。きっと、ぶっそうな人《ひと》でしょうね」

と男《おとこ》は熱心《ねっしん》に聞《き》いた。災難《さいなん》は、となりにやってきた人《ひと》に関連《かんれん》したことだろう。あのまま住《す》んでいたら、いまごろは、やっかいな事件《じけん》に巻《ま》きこまれたにちがいない。だが、相手《あいて》の答《こた》えは、意外《いがい》だった。

「いいえ、おとなしい人《ひと》ですよ」

「本当《ほんとう》にそうですか」

「たしかです。ネコが大好《だいす》きで、たくさん飼《か》っているような人《ひと》ですから」
たくさんのネコ。人間《にんげん》にはべつになんでもない。
しかし、ネズミたちにとっては、ただごとではなかったのだ。

九官鳥《きゅうかんちょう》作戦《さくせん》

だれもやってこない、山奥《やまおく》の森《もり》。そこに小屋《こや》をたてて、ひとりの男《おとこ》が住《す》んでいた。郵便《ゆうびん》も新聞《しんぶん》も配達《はいたつ》されないし、電気《でんき》がないから、テレビやラジオを楽《たの》しむこともできない。しかし、その男《おとこ》は「さびしい」とも「たいくつだ」とも言《い》わず、ずっと鳥《とり》たちを相手《あいて》にくらしていた。

しかし、静《しず》かな生活《せいかつ》を、のんびりと味《あじ》わっているのではない。じつは、悪《わる》いことをたくらんでいたのだ。

男《おとこ》が飼《か》っていたのは、たくさんの九官鳥《きゅうかんちょう》だった。研究《けんきゅう》して特別《とくべつ》に作《つく》ったエサをやって育《そだ》てたため、普通《ふつう》のにくらべて頭《あたま》もよく、飛《と》ぶ力《ちから》も強《つよ》かった。その鳥《とり》たちに毎日《まいにち》、男《おとこ》は熱心《ねっしん》に訓練《くんれん》をほどこした。それは、こんなぐあいだった。

「いいか。教《おし》えた通《とお》り、一羽《いちわ》ずつ順番《じゅんばん》にやってみせろ」

と男《おとこ》は命令《めいれい》し、小屋《こや》のなかで待《ま》つ。すると、まもなくドアにコツコツと音《おと》がする。鳥《とり》がやってきて、くちばしの先《さき》でたたいたためだ。ドアをあけると、鳥《とり》はなかへ入《はい》ってきて、こう言《い》う。

「さあ、おとなしくダイヤモンドを渡《わた》せ。そして、おれの左足《ひだりあし》につけてある袋《ふくろ》に入《い》れろ。手《て》むかいしたり、つかまえようと考《かんが》えたりするな。そんなことをしたら、右足《みぎあし》につけてある小型爆弾《こがたばくだん》を投《な》げるぞ。そうなれば、おまえたちは、こっぱみじんだ」

なんども練習《れんしゅう》をくりかえすうちに、九官鳥《きゅうかんちょう》たちはしだいに上達《じょうたつ》してきた。男《おとこ》は、満足《まんぞく》そうにうなずいた。

「うまくなったぞ。町《まち》の家々《いえいえ》に飛《と》んでいって、その通《とお》りにやればいいのだ。さあ、行《い》け。そして、またここへ戻《もど》ってこい」

この命令《めいれい》で、何羽《なんわ》もの九官鳥《きゅうかんちょう》は、町《まち》のほうへと飛《と》びたっていった。それを見送《みおく》りながら、男《おとこ》はつぶやいた。

「町《まち》の連中《れんちゅう》は、さぞ驚《おどろ》くことだろう。なにしろ、まっ黒《くろ》な鳥《とり》の強盗《ごうとう》が、とつぜんあらわれるのだから。

この作戦《さくせん》を防《ふせ》ぐ方法《ほうほう》は、ないにきまっている。パトカーは道《みち》のあるところしか走《はし》れないから、追《お》いつけっこない。ヘリコプターの音《おと》を聞《き》いたら木《き》の枝《えだ》にかくれるよう、鳥《とり》たちに教《おし》えてある。レーダーでは、ほかの鳥《とり》との見《み》わけがつかないはずだ」

胸《むね》をおどらせて待《ま》っていると、九官鳥《きゅうかんちょう》たちはつぎつぎに帰《かえ》ってきた。足《あし》につけた袋《ふくろ》を調《しら》べると、どれにも光《ひか》り輝《かがや》く大粒《おおつぶ》のダイヤが入《はい》っている。みごとに成功《せいこう》したのだ。

すべては順調《じゅんちょう》だった。しばらくつづけると、大《おお》きなカバンはダイヤでいっぱいになった。男《おとこ》は大《おお》喜《よろこ》びだった。

「ああ、こんな山奥《やまおく》で、長《なが》いあいだ苦心《くしん》したかいがあったというものだ。これで、おれも大金持《おおがねも》ちになれる。これからは、どんなぜいたくな生活《せいかつ》もできるのだ。さて、町《まち》へ出《で》かけてダイヤを売《う》るとしよう」

男《おとこ》は九官鳥《きゅうかんちょう》たちを逃《に》がしてやり、笑《わら》いながら山《やま》をおりた。そして、昔《むかし》の仲間《なかま》をたずねて相談《そうだん》した。

「ダイヤを処分《しょぶん》したいのだが、手伝《てつだ》ってくれないか」

「ダイヤですって。まさか、ふざけているんじゃないでしょうね」

「もちろんだとも。ほら、こんなにある。うまく売《う》りさばいてくれたら、わけ前《まえ》をやるよ」

と男《おとこ》はカバンをあけ、とくいがった。だが、その仲間《なかま》はなぜか首《くび》を振《ふ》った。

「しかし、どうもね……」

「どうしたんだ。そんな気《き》のりのしない顔《かお》をして」

「あなたは、どこにいってたんです。ニュースを知《し》らないんですか。しばらく前《まえ》に、ダイヤは人工《じんこう》で大量生産《たいりょうせいさん》できるようになりました。それで作《つく》りすぎて、ねだんも安《やす》くなり、いまではこどものオモチャぐらいにしか、売《う》れ口《くち》はないのですよ」

山奥《やまおく》でくらしていた男《おとこ》は、そのことを少《すこ》しも知《し》らなかったのだ。

きまぐれ
ロボット

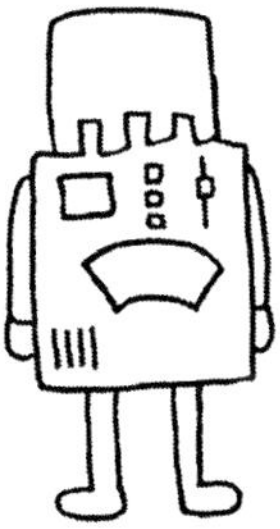

「これがわたしの作《つく》った、最《もっと》も優秀《ゆうしゅう》なロボットです。なんでもできます。人間《にんげん》にとって、これ以《い》上《じょう》のロボットはないといえるでしょう」

と博士《はかせ》は、とくいげに説明《せつめい》した。それを聞《き》いて、お金持《かねも》ちのエヌ氏《し》は言《い》った。

「ぜひ、わたしに売《う》ってくれ。じつは離《はな》れ島《じま》にある別荘《べっそう》で、しばらくのあいだ、ひとりで静《しず》かにすごすつもりだ。そこで使《つか》いたい」

「お売《う》りしましょう。役《やく》に立《た》ちますよ」

と、うなずく博士《はかせ》に大金《たいきん》を払《はら》い、エヌ氏《し》はロボットを手《て》に入《い》れることができた。

そして、島《しま》の別荘《べっそう》へと出《で》かけた。迎《むか》えの船《ふね》は、一《いっ》ヵ月後《げつご》でないとやってこない。

「これで、ゆっくり休《やす》みが楽《たの》しめる。手紙《てがみ》や書類《しょるい》は見《み》なくてすむし、電話《でんわ》もかかってこない。まず、ビールでも飲《の》むとするか」

こうつぶやくと、ロボットはすぐにビールを持《も》ってきて、グラスについでくれた。

「なるほど、よくできている。ところで、おなかもすいてきたぞ」

「はい。かしこまりました」

と答《こた》え、ロボットはたちまちのうちに食事《しょくじ》を作《つく》って、運《はこ》んできた。それを口《くち》に入《い》れたエヌ氏《し》は、満足《まんぞく》した声《こえ》で言《い》った。

「これはうまい。さすがは、優秀《ゆうしゅう》なロボットというだけのことはある」

料理《りょうり》ばかりか、あとかたづけも、へやのそうじも、ピアノの調律《ちょうりつ》さえやってくれた。また、面白《おもしろ》い話《はなし》を、つぎつぎにしゃべってくれる。まったく、申《もう》しぶんのない召使《めしつか》いだった。かくして、エヌ氏《し》にとって、すばらしい毎日《まいにち》がはじまりかけた。

しかし二日《ふつか》ほどすると、ようすが少《すこ》しおかしくなってきた。ふいに、ロボットが動《うご》かなくなったのだ。大声《おおごえ》で命令《めいれい》しても、頭《あたま》をたたいてもだめだった。わけを聞《き》いても答《こた》えない。

「やれやれ、故障《こしょう》したらしいぞ」

エヌ氏《し》はやむをえず、自分《じぶん》で食事《しょくじ》を作《つく》らなければならなかった。だが、しばらくたつと、ロボットは、またもとのように、おとなしく働《はたら》きはじめた。

「時《とき》には休《やす》ませないと、いけないのかな」

そうでもなさそうだった。つぎの日《ひ》、ロボットはガラスふきの仕事《しごと》の途中《とちゅう》で、逃《に》げだしたのだ。エヌ氏《し》はあわてて追《お》いかけたが、なかなかつかまえられない。いろいろと考《かんが》えたあげく、苦心《くしん》して落《おと》し穴《あな》を掘《ほ》り、それでやっと連《つ》れもどすことができた。命令《めいれい》してみると、このさわぎを忘《わす》れたように、よく働《はたら》きだす。

「わけがわからん」

エヌ氏《し》は首《くび》をかしげたが、ここは離《はな》れ島《じま》、博士《はかせ》に問《と》いあわせることもできない。ロボットは毎《まい》日《にち》、なにかしら事件《じけん》をおこす。突然《とつぜん》あばれだしたこともあった。腕《うで》を振《ふ》りまわして、追《お》いかけてくる。こんどは、エヌ氏《し》が逃《に》げなければならない。汗《あせ》をかきながら走《はし》りつづけ、木《き》にのぼってかくれることで、なんとか助《たす》かった。そのうちに、ロボットはおさまるのだ。

「鬼《おに》ごっこのつもりなのだろうか。いや、どこかが狂《くる》っているにちがいない。とんでもないロボットを、買《か》わされてしまった」

こんなぐあいで、一ヵ月《いっげつ》がたった。迎《むか》えにきた船《ふね》に乗《の》って都会《とかい》に帰《かえ》ったエヌ氏《し》は、まっさきに博士《はかせ》をたずね、文句《もんく》を言《い》った。

「ひどい目《め》にあったぞ。あのロボットは毎日《まいにち》のように、故障《こしょう》したり狂《くる》ったりした」

しかし、博士《はかせ》は落《お》ちついて答《こた》えた。

「それでいいのです」

「なにがいいものか。さあ、払《はら》った代金《だいきん》を返《かえ》してくれ」

「まあ、説明《せつめい》をお聞《き》き下《くだ》さい。もちろん、故障《こしょう》もおこさず狂《くる》いもしないロボットも作《つく》れます。だけど、それといっしょに一《いっ》ヵ月《げつ》も暮《くら》すと、運動不足《うんどうぶそく》でふとりすぎたり、頭《あたま》がすっかりぼけたりします。それでは困《こま》るでしょう。ですから、人間《にんげん》にとっては、このほうがはるかにいいのです」

「そういうものかな」

とエヌ氏《し》は、わかったような、また不満《ふまん》そうな顔《かお》でつぶやいた。

博士《はかせ》と
ロボット

エフ博士《はかせ》は宇宙船《うちゅうせん》に乗《の》って、星《ほし》から星《ほし》へと旅《たび》をつづけていた。ただ見物《けんぶつ》してまわっているのではなかった。文明《ぶんめい》のおくれている住民《じゅうみん》のすむ星《ほし》を見《み》つけると、そこに着陸《ちゃくりく》し、さまざまな分野《ぶんや》の指《し》導《どう》をするのが目的《もくてき》なのだ。

ちょっと考《かんが》えると大変《たいへん》な仕事《しごと》だが、どこの星《ほし》でも、いちおうの成果《せいか》をあげてきた。それは、博《はか》士《せ》が自分《じぶん》で完成《かんせい》したよく働《はたら》くロボットをひとり、いっしょに連《つ》れていたからだ。大型《おおがた》で、見《み》たところは、あまりスマートとはいえない。しかし、力《ちから》は強《つよ》く、なんでもできた。また、たいていのことは知《し》っていたし、言葉《ことば》もしゃべれる。

「さて、こんどはあの星《ほし》におりよう。望遠鏡《ぼうえんきょう》でながめると、ここの住民《じゅうみん》は、わたしたちの手伝《てつだ》いを必要《ひつよう》としていそうだぞ」

と、博士《はかせ》は窓《まど》のそとを指《ゆび》さした。操縦席《そうじゅうせき》のロボットは、いつものように忠実《ちゅうじつ》に答《こた》えた。

「はい。ご命令《めいれい》どおりにいたします」

宇宙船《うちゅうせん》は、その星《ほし》へと着陸《ちゃくりく》した。住民《じゅうみん》たちの生活《せいかつ》は、ずいぶん原始的《げんしてき》だった。毛皮《けがわ》をまとい、ほら穴《あな》に住《す》み、ちょうど大昔《おおむかし》の地球《ちきゅう》のようだったのだ。

ここでもまた、住民《じゅうみん》たちと仲《なか》よくなるまでが、ひと苦労《くろう》だった。最初《さいしょ》のうちは、石《いし》をぶつけられたりした。しかし、ロボットは平気《へいき》だったし、そのうしろにかくれれば、博士《はかせ》も安全《あんぜん》だった。やがて、こちらに敵意《てきい》のないことが相手《あいて》に通《つう》じ、住民《じゅうみん》たちの言葉《ことば》がいくらかわかりはじめると、仕事《しごと》は急速《きゅうそく》にはかどっていった。

博士《はかせ》はロボットに命令《めいれい》し、地面《じめん》をたがやして種《たね》をまき、畑《はたけ》の見本《みほん》を作《つく》らせた。また、川《かわ》のふちに水車《すいしゃ》を作《つく》らせ、その利用法《りようほう》を示《しめ》した。どれもロボットにとっては簡単《かんたん》な作業《さぎょう》だったが、住民《じゅうみん》たちは目《め》を丸《まる》くして驚《おどろ》き、大《おお》よろこびだった。

さらに、動物《どうぶつ》をつかまえるワナの作《つく》り方《かた》、家《いえ》の建《た》て方《かた》、食糧《しょくりょう》の貯蔵法《ちょぞうほう》、病気《びょうき》の防《ふせ》ぎ方《かた》などを教《おし》えさせた。ロボットの頭《あたま》のなかには各種《かくしゅ》の知識《ちしき》がつめこまれてあるので、なんでも教《おし》えることができるのだ。

エフ博士《はかせ》の役目《やくめ》は、つぎにはどんな命令《めいれい》を出《だ》したらいいのか考《かんが》えることだった。あとは時《とき》どきロボットに油《あぶら》をさし、エネルギーを補給《ほきゅう》し、外側《そとがわ》をみがいてやるぐらいでいい。

こうして、しばらくの時《とき》がたった。ロボットが休《やす》みなく働《はたら》いてくれたおかげで、住民《じゅうみん》たちの生《せい》活《かつ》はずっとよくなった。住民《じゅうみん》たちは争《あらそ》うこともしなくなり、勉強《べんきょう》することを知《し》り、学《まな》んだ知識《ちしき》をべつな者《もの》に伝《つた》えるようになった。このようすを見《み》て、博士《はかせ》は言《い》った。

「さて、文明《ぶんめい》も順調《じゅんちょう》に発展《はってん》しはじめたようだ。これからは、自分《じぶん》たちで力《ちから》をあわせてやるだろう。そろそろここを出発《しゅっぱつ》し、べつな星《ほし》をめざすとしようか」

「はい。そういたしましょう」

ロボットは答《こた》え、その準備《じゅんび》にとりかかった。

その出発《しゅっぱつ》の日《ひ》。聞《き》き伝《つた》えて集《つど》った住民《じゅうみん》たちは、口《くち》ぐちにお礼《れい》の言葉《ことば》をのべた。

「おかげさまで、わたしたちは以前《いぜん》にくらべ、見《み》ちがえるように向上《こうじょう》しました。ご恩《おん》は忘《わす》れません。この感謝《かんしゃ》の気持《きもち》をいつまでも忘《わす》れないようにと、記念《きねん》の像《ぞう》を作《つく》りました。お帰《かえ》りになる前《まえ》に、ぜひごらんになって下《くだ》さい」

博士《はかせ》はうれしそうだった。

「そんなにまで感謝《かんしゃ》していただけるとは。ここの仕事《しごと》も、やりがいがあったといえます。よろこんで拝見《はいけん》いたしましょう」

住民《じゅうみん》たちに案内《あんない》され、博士《はかせ》とロボットはついていった。そして、丘《おか》の上《うえ》にたてられている大《おお》きな石《いし》の像《ぞう》を見《み》た。心《こころ》をこめて作《つく》られたもので、花《はな》で美《うつく》しく飾《かざ》られている。しかし、それはエフ博士《はかせ》の像《ぞう》ではなく、ロボットの像《ぞう》だった。住民《じゅうみん》たちが尊《そん》敬《けい》したのは、ロボットのほうだったのだ。

便《べん》利《り》な

草《くさ》花《ばな》

植物学《しょくぶつがく》にくわしいエス博士《はかせ》の家《いえ》は、郊外《こうがい》にあった。ある冬《ふゆ》の日《ひ》のこと、友《とも》だちのアール氏《し》がたずねてきた。

「こんにちは。お元気《げんき》ですか」

とアール氏《し》があいさつすると、博士《はかせ》はへやのなかに迎《むか》え入《い》れながら言《い》った。

「ええ、久《ひさ》しぶりですね。昨年《さくねん》の夏《なつ》においでになって以来《いらい》ではありませんか。きょう、わざわざいらっしゃったのは、なにかご用《よう》があってですか」

「じつは、教《おし》えてもらいたいことがあってね。このへんは郊外《こうがい》だから、夏《なつ》にはハエやカが多《おお》いはずでしょう」

「もちろんですよ。しかし、それがどうかしましたか」

「それなのに、夏《なつ》にうかがった時《とき》は、それらの虫《むし》に少《すこ》しも悩《なや》まされなかった。あとで考《かんが》えてみると、ふしぎでならない。そのわけを知《し》りたくて、とうとう、がまんができなくなったのです」

「ああ、そのことですか。あれのおかげですよ」

と博士《はかせ》はあっさり答《こた》え、笑《わら》いながら、へやのすみを指《ゆび》さした。台《だい》の上《うえ》に、ウエキバチに植《う》えた大《おお》きな草花《くさばな》がおいてある。濃《こ》い緑《みどり》の葉《は》で黄色《きいろ》っぽい花《はな》が咲《さ》いていた。アール氏《し》はそれをながめて、うなずいた。

「なるほど。虫《むし》をつかまえる草花《くさばな》だったのか。話《はなし》には聞《き》いていたが、見《み》るのははじめてだ。で、どこで採集《さいしゅう》した種類《しゅるい》ですか」

「これほどよく働《はたら》くのは、ほかのどこにもありません。わたしが苦心《くしん》して、品種改良《ひんしゅかいりょう》で作《つく》りあげました」

「いいにおいがしますね」

「それですよ。そのにおいは、人間《にんげん》には害《がい》がなく、虫《むし》を引《ひ》きつける強《つよ》い作用《さよう》を持《も》っています。ハエは食料《しょくりょう》をそっちのけにし、ノミや力は人間《にんげん》にたかるのをやめ、みなこの花《はな》をめざします。つまり、うるさい虫《むし》のすべてが集《あつ》まってくるのです。そして、この葉《は》です。表面《ひょうめん》がべとべとしていて、そこにとまった虫《むし》は逃《に》げられず、たちまち消化《しょうか》されてしまいます」

「あとかたもなく、消《き》えてしまうわけですね。うむ。すばらしい草《くさ》だ。もちろん、これを作《つく》りあげた、あなたの才能《さいのう》もすばらしい」

とアール氏《し》は心《こころ》から感心《かんしん》した。

「それほどとも思《おも》いませんが、ほめてもらうと、うれしくなります」

「けんそんなどしないで、自慢《じまん》すべきですよ。虫《むし》の悩《なや》みから、人間《にんげん》を解放《かいほう》したのですよ。こんな便《べん》利《り》な草《くさ》はない。肥料《ひりょう》もいらないし、第一《だいいち》、害虫《がいちゅう》がつくこともない。それに美《うつく》しく、ていさいもいい。どうだろう。わたしにゆずってくれないかな」

「これまでに育《そだ》てるのは何年《なんねん》もかかり、ちょっと惜《お》しい気《き》もします。しかし、あと三《みっ》つばかりありますし、ほかならぬあなたのことです。さしあげましょう。それをお持《も》ちになってかまいませんよ」

「本当《ほんとう》ですか。それはありがたい」

アール氏《し》は大喜《おおよろこ》びだった。くりかえしてお礼《れい》を言《い》い、ウエキバチをかかえて帰《かえ》ろうとした。それを呼《よ》びとめて、博士《はかせ》が言《い》った。

「あ、その下《した》にある台《だい》も、いっしょにお持《も》ちになってください」

「そんな台《だい》なら、うちにもある。それとも、なにか特別《とくべつ》な台《だい》なのですか」

「そうですよ。ボウフラを育《そだ》てるのに、必要《ひつよう》な器《き》具《ぐ》が入《はい》っています」

「なんでまた、そんなものが……」

「夏《なつ》のあいだは不要《ふよう》ですが、冬《ふゆ》になると、その草花《くさばな》は食《た》べる物《もの》がなくて枯《か》れてしまうのです。だから、寒《さむ》いあいだは、それで力を作《つく》って与《あた》えなければなりません。ボウフラの育《そだ》て方《かた》は、これに書《か》いてあります」

博士《はかせ》から説明書《せつめいしょ》を渡《わた》され、アール氏《し》はそれを読《よ》んだ。そして、首《くび》をかしげながら言《い》った。

「たいへんな手間《てま》ではありませんか。いったい、この草花《くさばな》は便利《べんり》なものだろうか、不便《ふべん》なものだろうか。わけがわからなくなってきたぞ」

夜《よる》の事件《じけん》

そのロボットは、よくできていた。若《わか》い女《おんな》の人《ひと》の形《かたち》をしたロボットで、外見《がいけん》からは本当《ほんとう》の人間《にんげん》と見《み》わけがつかないほどだ。楽《たの》しそうな表情《ひょうじょう》をしている。だが、頭《あたま》のほうはあまりよくなく、いくつかの簡単《かんたん》な言葉《ことば》がしゃべれるだけ。しかし、それでいいのだった。町《まち》はずれにある遊園地《ゆうえんち》の、門《もん》のそばに立《た》っているのが役目《やくめ》なのだから。

昼間《ひるま》は、とてもにぎやかだ。音楽《おんがく》も流《なが》れているし、いろいろな人《ひと》が声《こえ》をかけてくれる。そして、ロボットもいそがしい。

しかし、いまは静《しず》かな夜《よる》。人通《ひとどお》りもなくなり、ロボットはだまったままだった。

その時《とき》、とつぜん物《もの》かげから見《み》なれない連中《れんちゅう》があらわれ、ロボットを取《と》りかこんだ。むらさき色《いろ》をした顔《かお》で、大《おお》きな赤《あか》い目《め》をしている。あまり感《かん》じのいい姿《すがた》ではなかった。腰《こし》には、武器《ぶき》らしいものをつけている。

「手《て》むかいしても、むだだぞ。われわれは、キル星《せい》からやってきた」

と、ひとりが言《い》うと、ロボットはやさしい声《こえ》を出《だ》した。

「遠《とお》いところから、ようこそ……」

「いやに落着《おちつ》いているな。われわれは、地球《ちきゅう》をていさつに来《き》たのだ。まず円盤状《えんばんじょう》の宇宙船《うちゅうせん》を上空《じょうくう》でとめ、そこから望遠鏡《ぼうえんきょう》で観察《かんさつ》した。また、ラジオやテレビの電波《でんぱ》を受信《じゅしん》して、言葉《ことば》をいくらか覚《おぼ》えた。だが、完全《かんぜん》な報告書《ほうこくしょ》を作《つく》るには、地球人《ちきゅうじん》をさらにくわしく調《しら》べなくてはならない。そのために着陸《ちゃくりく》したのだ。いずれは、この星《ほし》を占領《せんりょう》することになるだろう」

「はい。あなたがたを心《こころ》から歓迎《かんげい》いたしますわ」

「これはふしぎだ。あまり驚《おどろ》かないようだ。ねぼけてでもいるのだろうか。それとも、われわれを甘《あま》く見《み》ているのだろうか。少《すこ》しおどかしてみよう」

キル星人《せいじん》たちは油断《ゆだん》なく身《み》がまえ、ムチのような長《なが》い棒《ぼう》を振《ふ》りまわした。それが当《あ》たったが、ロボットは笑《わら》い顔《がお》で明《あか》るく答《こた》えた。

「ありがとうございます」

「どういうわけだろう。なにも感《かん》じないらしい。お礼《れい》など言《い》っている。ほかの方法《ほうほう》でやってみよう。われわれは、地球人《ちきゅうじん》の弱点《じゃくてん》を発見《はっけん》しなければならないのだ」

しかし、強《つよ》い光線《こうせん》を当《あ》てても、いやなにおいのガスを吹《ふ》きつけても同《おな》じことだった。

「ありがとうございます」

とロボットはくりかえし、時《とき》どき軽《かる》く頭《あたま》をさげる。キル星人《せいじん》たちは、顔《かお》を見《み》あわせて相談《そうだん》した。

「だめだ。どんな武器《ぶき》を使《つか》っても、ききめがないようだな」

「ああ、地球人《ちきゅうじん》というものは、こわさや痛《いた》さを知《し》らないのかもしれない。めったにない強敵《きょうてき》だ。うすきみが悪《わる》くなってきたぞ」

「いや、地球人《ちきゅうじん》は戦《たたか》うことを知《し》らない、平和《へいわ》な種族《しゅぞく》なのだろう。こんなにいじめても、さっきから少《すこ》しも反抗《はんこう》しない。こんないい人《ひと》たちの住《す》む星《ほし》を占領《せんりょう》しようとしているわれわれが、はずかしくなってきた」

「いずれにせよ、このまま引《ひ》きあげたほうがよさそうだ」

その意見《いけん》にはみな賛成《さんせい》だった。歩《ある》きはじめたキル星人《せいじん》たちに、ロボットはお別《わか》れのあいさつをした。

「もうお帰《かえ》りになるの。また、いらっしゃってね」

キル星人《せいじん》たちは林《はやし》のなかにかくしておいた宇《う》宙船《ちゅうせん》に乗《の》り、飛《と》び立《た》っていった。それは高速度《こうそくど》で音《おと》もなく遠《とお》ざかった。空《そら》をながめていた人《ひと》があったとしても、流《なが》れ星《ぼし》としか思《おも》わなかったにちがいない。

やがて朝《あさ》がきて、遊園地《ゆうえんち》には人《ひと》びとがやってくる。笑《わら》い声《ごえ》や叫《さけ》び声《ごえ》が聞《き》こえはじめる。ロボットはなにごともなかったかのように、お客《きゃく》から声《こえ》をかけられるたび、簡単《かんたん》なあいさつをくりかえすのだった。
「ようこそ……。心《こころ》から歓迎《かんげい》いたしますわ……。
ありがとうございます……。またいらっしゃって
ね……」

ラッパの音《おと》

ある日《ひ》の夕方《ゆうがた》。

エフ博士《はかせ》の家《いえ》にお客《きゃく》がたずねてきて、こう話《はな》しかけた。

「このところ、ご旅行《りょこう》だったようですが、どちらへお出《で》かけでしたか」

博士《はかせ》はうなずいて答《こた》えた。

「ああ、南方《なんぽう》の奥地《おくち》へ探検《たんけん》にいってきたよ。ジャングルを抜《ぬ》けたり、山《やま》を越《こ》えたり、なかなかおもしろい旅《たび》だった」

「大《おお》がかりな探検隊《たんけんたい》を引《ひ》きつれての旅《たび》だったのでしょうね」

「いや、わたしと案内人《あんないにん》の二人《ふたり》だけだ」

それを聞《き》いて、お客《きゃく》は変《へん》な顔《かお》をした。

「そんなことは、信《しん》じられません。きっと、恐《おそ》ろしい動物《どうぶつ》がたくさんいたはずです」

「ああ、いたとも。しかし、そんなのは追《お》い払《はら》えばいい」

「追《お》い払《はら》うには、たくさんの弾丸《だんがん》や銃《じゅう》がいるでしょう。それを運《はこ》ぶだけでも、二人《ふたり》ではまにあわないはずです」

「いや、銃《じゅう》なんかは使《つか》わない」

「いったい、どんな方法《ほうほう》なのでしょう」

と、お客《きゃく》は知《し》りたがって身《み》を乗《の》り出《だ》した。エフ博士《はかせ》は立《た》ちあがり、となりのへやから細長《ほそなが》い品《しな》を持《も》ってきて見《み》せた。

「これだよ。わたしの発明《はつめい》したラッパだ」

そういわれてみるとラッパだが、普通《ふつう》のラッパのように簡単《かんたん》なものではない。先《さき》のほうには小型《こがた》の電灯《でんとう》がついているし、横《よこ》には望遠鏡《ぼうえんきょう》のような形《かたち》のものがついている。そのほか、複雑《ふくざつ》な電気《でんき》の部《ぶ》品《ひん》らしきものが、たくさんついていた。お客《きゃく》はふしぎそうに聞《き》いた。

「これが、どんな働《はたら》きをするのですか」

「いつだったか、鳥《とり》を呼《よ》ぶフエの話《はなし》を読《よ》んだ。それにヒントをえて、その逆《ぎゃく》のものを作《つく》ったのだ。追《お》っ払《ぱら》うフエというわけだ。もちろん鳥《とり》だけでなく、あらゆる動物《どうぶつ》にききめがある。ここについているレンズが相手《あいて》を見《み》わけ、その最《もっと》もきらいな音《おと》を自動的《じどうてき》に出《だ》す。つまり、このラッパを相手《あいて》にむけて吹《ふ》くと、たちまち逃《に》げてゆく。電灯《でんとう》がついているから、夜《よる》でも使《つか》える」

「なるほど。銃《じゅう》とちがって、むやみに動物《どうぶつ》を殺《ころ》さなくてすみますね。しかし、本当《ほんとう》にききめがあるのでしょうね」

お客《きゃく》に質問《しつもん》され、博士《はかせ》はちょうど庭先《にわさき》を歩《ある》いていたネコをみつけ、それにむけてラッパを吹《ふ》いた。ラッパは犬《いぬ》のほえる音《おと》を出《だ》し、それを耳《みみ》にしたネコは、急《いそ》いで逃《に》げていった。

「この通《とお》り。ネズミにむければネコの声《こえ》、小鳥《ことり》にむければタカの羽《は》ばたきの音《おと》、といったぐあいだ」

「では、こわいものなしの旅《たび》でしたね」

「ああ、しかし、こわい目《め》には、旅《たび》から帰《かえ》ってからあったよ。ある夜《よる》、物音《ものおと》で目《め》がさめてみると、となりのへやに泥棒《どろぼう》が入《はい》っていた。叫《さけ》んではあぶないし、電話《でんわ》に近《ちか》よることもできない。ちかごろの世《よ》の中《なか》は、ジャングルよりぶっそうだ」

「で、どうなさいました」

「思《おも》いきって、泥棒《どろぼう》にむけてラッパを吹《ふ》いてみた。すると、あわてて逃《に》げていった」

「どんな音《おと》が出《で》たのです」

「パトロール・カーのサイレンの音《おと》だ」

お客《きゃく》は、ますます感心《かんしん》した。

「すごい働《はたら》きですね。では、ひとつ、それをわたしにむけて吹《ふ》いてごらんになりませんか。わたしは、絶対《ぜったい》に驚《おどろ》かないつもりです」

「そうむやみには使《つか》えないよ」

と博士《はかせ》は首《くび》を振《ふ》り、ラッパをしまうために、となりのへやへと歩《ある》いていった。お客《きゃく》は博士《はかせ》の戻《もど》るのを待《ま》っていたが、時計《とけい》が鳴《な》って十時《じゅうじ》を告《つ》げるのを聞《き》き、博士《はかせ》に言《い》った。

「おや、もう十時《じゅうじ》ですね。わたしの時計《とけい》は、故障《こしょう》していたようだ。そろそろ失礼《しつれい》しましょう」

そして、あいさつをして帰《かえ》っていった。それを見送《みおく》りながら、エフ博士《はかせ》は笑《わら》ってつぶやいた。

「ラッパが出《だ》した音《おと》とは気《き》がつかず、帰《かえ》っていったぞ。お客《きゃく》がなかなか帰《かえ》らないと、研究《けんきゅう》のじゃまになって困《こま》ってしまう」

夢《ゆめ》の お告《つ》げ

エヌ氏《し》は友人《ゆうじん》といっしょに、町《まち》から遠《とお》くはなれた野原《のはら》の道《みち》を歩《ある》いていた。二人《ふたり》は休日《きゅうじつ》を利用《りよう》し、キャンプを楽《たの》しもうとして出《で》かけてきたのだ。健康《けんこう》にもいいし、心《こころ》もすがすがしくなる。

「いい気分《きぶん》だな。都会《とかい》のあわただしさを忘《わす》れてしまう。このへんで、ちょっと休《やす》もう」

とエヌ氏《し》は足《あし》をとめ、道《みち》ばたに腰《こし》をおろした。近《ちか》くにはくずれた石垣《いしがき》などがあった。友人《ゆうじん》は案内書《あんないしょ》の地図《ちず》を出《だ》し、それを見《み》ながら言《い》った。

「このあたりには、むかし城《しろ》があり、はげしい戦《たたか》いがおこなわれた場所《ばしょ》だそうだよ」

「しかし、落《お》ちついたながめで、そんな感《かん》じは少《すこ》しもしないな。どうだろう、今夜《こんや》はここでキャンプをしよう」

「ああ、悪《わる》くないな」

意見《いけん》はまとまり、そこにテントをはった。近《ちか》くの小川《おがわ》から水《みず》をくんできて、夕食《ゆうしょく》を作《つく》った。やがて静《しず》かな夜《よる》が訪《おとず》れてきて、二人《ふたり》は眠《ねむ》りについた。

眠《ねむ》っている時《とき》、エヌ氏《し》は夢《ゆめ》を見《み》た。しかも、はっきりした夢《ゆめ》だった。

それにはヨロイを着《き》て、立派《りっぱ》なカブトをかぶった武士《ぶし》があらわれた。どこか傷《きず》をうけているようだし、手《て》には鉄《てつ》でできた箱《はこ》を重《おも》そうにかかえている。そのため、苦《くる》しそうに息《いき》をきらし、足《あし》をひきずりながら歩《ある》いてきた。

武士《ぶし》はあたりを見《み》まわしていたが、そばにだれもいないことをたしかめると、地面《じめん》に穴《あな》を掘《ほ》り、箱《はこ》をなかに入《い》れた。それから、上《うえ》に土《つち》をかぶせてわからないようにし、目《め》じるしにするため石《いし》を置《お》いた。武士《ぶし》はほっとしたような顔《かお》で、最後《さいご》にこうつぶやいた。

「これでよし。たとえこの戦《たたか》いで負《ま》け、城《しろ》が奪《うば》われても、これさえ確保《かくほ》しておけば再起《さいき》をはかることができる」

ははあ、軍用金《ぐんようきん》をかくしたというわけだな。こう考《かんが》えているうちに、エヌ氏《し》は目《め》がさめた。

いつのまにか朝《あさ》になっていた。エヌ氏《し》は友人《ゆうじん》に、いまの夢《ゆめ》の話《はなし》をした。すると友人《ゆうじん》は、驚《おどろ》いた表情《ひょうじょう》で言《い》った。

「これはふしぎだ。じつは、ぼくもそれと同《おな》じ夢《ゆめ》を見《み》た。ひとりだけならなんということもないが、二人《ふたり》そろってとなると、ただごとではない。これはきっと、あの武士《ぶし》の魂《たましい》があらわれて、ぼくたちに告《つ》げたのにちがいない」

「あの箱《はこ》がまだ埋《う》まっていて、それを発見《はっけん》できたらすばらしいな。しかし、場所《ばしょ》はどこなのだろう」

「たぶん、この近《ちか》くだろうと思《おも》うよ。さあ、さがそう。手《て》にはいれば大金持《おおがねも》ちになれるのだ」

二人《ふたり》は近所《きんじょ》を歩《ある》きまわった。そのうちエヌ氏《し》は、草《くさ》のかげに夢《ゆめ》で見《み》たのと同《おな》じ石《いし》を見《み》つけ、叫《さけ》び声《ごえ》をあげた。

「おい、ここらしいぞ」

二人《ふたり》は目《め》を輝《かがや》かせ、折《お》ってきた木《き》の枝《えだ》で掘《ほ》りはじめた。はたして手《て》ごたえがあり、夢《ゆめ》で見《み》たのと同《おな》じ鉄《てつ》の箱《はこ》があらわれた。しかし、土《つち》のなかに長《なが》いあいだあったため、さびてぼろぼろになっていた。

箱《はこ》は、たやすくあけることができた。だが、そこにはいっていたのは金《かね》ではなく、なにかをしるした紙《かみ》だった。友人《ゆうじん》はため息《いき》をついた。

「なんだ、つまらない。ただの書類《しょるい》じゃないか」

「まだ、がっかりするのは早《はや》い。武士《ぶし》があんなに貴重《きちょう》そうにかくした品《しな》だ。軍用金《ぐんようきん》のかくし場所《ばしょ》を書《か》いた図面《ずめん》だろう。よく調《しら》べてみよう」

二人《ふたり》は紙《かみ》をひろげ、書《か》かれていることを読《よ》んだ。そして、顔《かお》を見《み》あわせてにが笑《わら》いし、こんどは本当《ほんとう》にがっかりした。

しるされてあったのは、火薬《かやく》の作《つく》り方《かた》だったのだ。たしかに、むかしは重大《じゅうだい》な秘密《ひみつ》だったにちがいないが、いまではとくにさわぐほどのものではない。

失敗
しっぱい

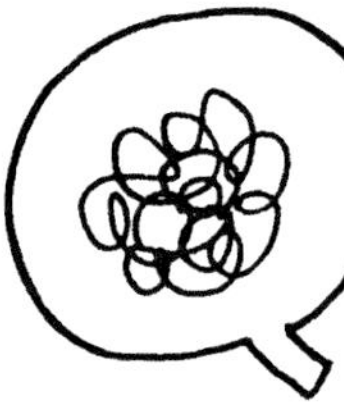

エス氏《し》は、不景気《ふけいき》な生活《せいかつ》をつづけていた。だが、あまり働《はたら》こうともせず、ひまさえあれば自分《じぶん》のへやにとじこもっていた。室内《しつない》には設計図《せっけいず》だとか、計算《けいさん》に使《つか》った紙《かみ》とか、機械《きかい》の部品《ぶひん》などが散《ち》らかっている。

ある日《ひ》、たずねてきた友人《ゆうじん》が話《はな》しかけた。

「あいかわらず、機械《きかい》いじりに熱心《ねっしん》ですね。いつまで、そんなことをやっているつもりなのです。まともに働《はたら》いたほうが、いいように思《おも》いますがね」

「いや、もうこれで終《お》わりです。やっと完成《かんせい》しました」

と、エス氏《し》はとくいそうに、そばの装置《そうち》を指《ゆび》さした。ランドセルぐらいの大《おお》きさで、アンテナが何本《なんぼん》か出《で》ていて、スイッチもついている。友人《ゆうじん》は、それをながめながら言《い》った。

「それはけっこうでした。しかし、どんな働《はたら》きをする装置《そうち》なのですか」

「いま、ごらんにいれましょう」

エス氏《し》はへやのすみにあるテレビをつけた。番《ばん》組《ぐみ》は野球《やきゅう》の中継《ちゅうけい》だった。それからエス氏《し》は、そのそばに装置《そうち》を運《はこ》び、スイッチを入《い》れて友人《ゆうじん》のそばにもどってきた。友人《ゆうじん》は目《め》を丸《まる》くした。

「これはふしぎだ。テレビの音《おと》が急《きゅう》に聞《きこ》えなくなった。画面《がめん》のほうは、なんともないのに。どういうわけなのです」

「それが装置《そうち》の働《はたら》きです。つまり、装置《そうち》のそばでは、物音《ものおと》はすべて消《き》えてしまうのです。音《おと》だけをさえぎる壁《かべ》ができ、まわりを包《つつ》んでいるとでもいったらいいでしょう」

エス氏《し》はそばにあったガラスのビンを手《て》にし、装置《そうち》の近《ちか》くをめがけて投《な》げた。ビンは床《ゆか》に当《あた》って割《わ》れたが、音《おと》はすこしもしなかった。しかし、装《そう》置《ち》からはなれた場所《ばしょ》にビンを投《な》げると、それはガチャンと音《おと》をひびかせた。友人《ゆうじん》は感心《かんしん》した。

「どんなしかけになっているのか知《し》りませんが、妙《みょう》なものを発明《はつめい》しましたね。しかし、これがなにかの役《やく》に立《た》つのですか」

「立《た》ちますとも。たちまち、わたしは大金持《おおがねも》ちになりますよ」

「どんな方面《ほうめん》に売《う》り込《こ》むのですか」

「それはまだ秘密《ひみつ》です」

利用法《りようほう》をひとに話《はな》せないのも、むりはなかった。エス氏《し》は悪《わる》いことに使《つか》おうと思《おも》って、これを作《つく》ったのだった。

その夜《よる》、人《ひと》びとが寝《ね》しずまったころ、エス氏《し》は装置《そうち》を背中《せなか》にしょって外出《がいしゅつ》した。そして、前《まえ》からねらっていたビルに忍《しの》びこんだ。忍《しの》びこむといっても、窓《まど》ガラスをたたき割《わ》って、そこからはいりこんだのだ。だが、装置《そうち》の作用《さよう》で、物音《ものおと》は少《すこ》しもたたない。

それから、大《おお》きな金庫《きんこ》を開《あ》けにかかった。合《あい》カギもなければ、ダイヤルの番号《ばんごう》も知《し》らないので、ドリルで穴《あな》をあけてこわす以外《いがい》にない。乱暴《らんぼう》な方《ほう》法《ほう》だが、音《おと》の心配《しんぱい》はしなくてよかった。

やがて、金庫《きんこ》をこじあけることができ、なかにあった大金《たいきん》を、エス氏《し》は用意《ようい》のカバンにつめこんだ。しかし、ゆうゆうと窓《まど》からそとに出《で》たとたん、やってきた警官《けいかん》にあっさりとつかまってしまったのだ。

がっかりしたエス氏《し》は、装置《そうち》のスイッチを切《き》ってつぶやいた。

「わけがわからない。うまくゆくはずだったのに、なぜ失敗《しっぱい》したのだろう」

警官《けいかん》のほうも首《くび》をかしげながら言《い》った。

「こっちも、わけがわからない。このビルは、窓《まど》ガラスが割《わ》れると、非常《ひじょう》ベルが鳴《な》りひびくようになっている。管理人《かんりにん》がすぐ電話《でんわ》してきたので、パトロール・カーがサイレンの音《おと》をたててかけつけた。そんなさわぎにもかかわらず、逃《に》げもしないでつかまってしまう泥棒《どろぼう》など、はじめてだ」

装置《そうち》の作用《さよう》は、そとからの音《おと》もさえぎり、エス氏《し》にはなにも聞《き》こえなかったのだ。

目薬
めぐすり

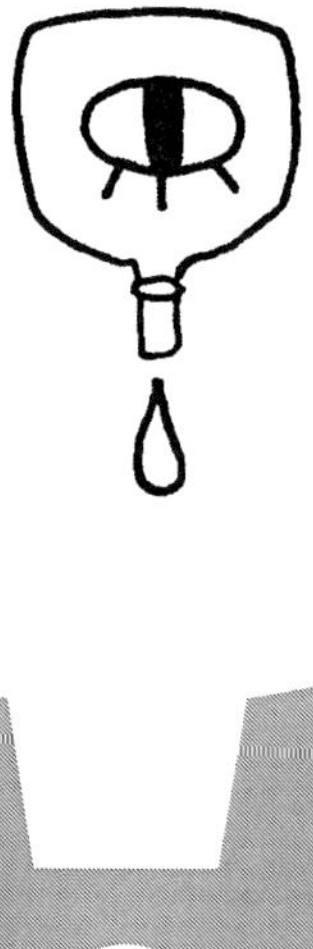

ケイ氏《し》は、ひとりで暮《く》らしていた。そのへやの机《つくえ》の上《うえ》には、ビーカーや試験管《しけんかん》をはじめ、化学用《かがくよう》の器具《きぐ》が並《なら》んでいた。各種《かくしゅ》の薬品《やくひん》や、植物《しょくぶつ》からしぼった汁《しる》を入《い》れたビンもある。

彼《かれ》は毎日《まいにち》、液《えき》をまぜあわせるのに熱中《ねっちゅう》していた。また、振《ふ》ったり、あたためたり、ひやしたり、時《とき》には光線《こうせん》を当《あ》てたりもした。

そして、ある日《ひ》。ケイ氏《し》はうれしそうな声《こえ》をあげた。

「さあ、やっとできたぞ。これでいいはずだ」

彼《かれ》が作《つく》ろうとしていたのは、新《あたら》しい目薬《めぐすり》だった。といっても、目《め》の病気《びょうき》をなおす薬《くすり》ではない。悪《わる》い人《ひと》を見《み》わける作用《さよう》を持《も》ったものだ。つまり、これを目《め》にたらしてからながめると、悪《わる》いことをたくらんだり考《かんが》えたりしている人《ひと》の顔《かお》だけが、ムラサキ色《いろ》に見《み》えるのだ。顔《かお》をムラサキ色《いろ》にぬっている人《ひと》などはいないから、それでまちがえる心《しん》配《ぱい》はない。

「さて、効果《こうか》が確実《かくじつ》かどうかを、たしかめに出《で》かけるとするかな」

ケイ氏《し》はその目薬《めぐすり》をさし、外出《がいしゅつ》した。歩《ある》きながらあたりを見《み》まわしたが、たいていの人《ひと》は普通《ふつう》の顔色《かおいろ》をしている。時《とき》たま、かすかにムラサキがかった人《ひと》がまざっている。悪人《あくにん》になればなるほど、色《いろ》も濃《こ》く見《み》える働《はたら》きがあるのだ。

「なるほど。世《よ》の中《なか》には、ひどく悪《わる》い人《ひと》というのは少《すく》ないものらしい」

こうつぶやいているうちに、濃《こ》いムラサキ色《いろ》の男《おとこ》をみつけた。カバンをさげて、道《みち》ばたに立《た》っている。ケイ氏《し》は、交番《こうばん》から警官《けいかん》を引《ひ》っぱってきてたのんだ。

「あの男《おとこ》を、つかまえてください」

「しかし、なにもしていない男《おとこ》を、つかまえることはできませんよ」

と変《へん》な顔《かお》をする警官《けいかん》を、ケイ氏《し》はせきたてた。

「その責任《せきにん》は、わたしがおいます。早《はや》く、早《はや》く」

警官《けいかん》はふしぎがりながらも、その男《おとこ》のそばに近《ちか》づき、話《はな》しかけようとした。

「もしもし……」

そのとたん、男《おとこ》はあわてて逃《に》げようとしたが、たちまちつかまってしまった。カバンを開《あ》けさせてみると、なかにはアクセサリーなど大量《たいりょう》の金《きん》製品《せいひん》があった。それを調《しら》べた警官《けいかん》は、目《め》を丸《まる》くし、ケイ氏《し》に言《い》った。

「これらの品《しな》は、このあいだ貴金属店《ききんぞくてん》から強盗《ごうとう》が奪《うば》っていった品《しな》でした。おかげで、犯人《はんにん》をつかまえることができました。店《みせ》からは、品物《しなもの》をとりもどしたお礼《れい》が出《で》るでしょう。しかし、この男《おとこ》が犯人《はんにん》らしいと、よくわかりましたね。なぜですか」

「いや、そぶりが怪《あや》しかったからですよ」

ケイ氏《し》は理由《りゆう》を秘密《ひみつ》にし、いいかげんな答《こた》えをした。しかし、内心《ないしん》は大喜《おおよろこ》びだった。発明《はつめい》した目薬《めぐすり》の作用《さよう》も、これではっきりしたわけだ。また、たくさんのお礼《れい》ももらえるらしい。いい商売《しょうばい》になりそうだ。これをくりかえせば、お金《かね》ももうかることになる。

こう考《かんが》えながら、ケイ氏《し》は自分《じぶん》のへやに帰《かえ》ってきた。そして、なにげなく鏡《かがみ》をのぞいて、首《くび》をかしげた。なんと、そこにうつっている自分《じぶん》の顔《かお》が、ムラサキ色《いろ》をしているではないか。

「こんなはずはない。わたしが悪人《あくにん》であるわけがない。泥棒《どろぼう》もつかまえたのだ。どういうわけだろう」

ケイ氏《し》はしばらく考《かんが》えていたが、作《つく》った薬《くすり》をみな惜《お》しげもなく捨《す》ててしまった。

「きっと薬《くすり》の作用《さよう》が狂《くる》っていたからだろう。さっき泥棒《どろぼう》をつかまえたのは、ただの偶然《ぐうぜん》だったにちがいない」

しかし、この薬《くすり》のききめは、やはりたしかだったのだ。このような発明《はつめい》は、すぐに発表《はっぴょう》して世《よ》の中《なか》の役《やく》に立《た》てるべきものだ。それを自分《じぶん》だけの秘密《ひみつ》にしておこうというのは、けっしていい心《こころ》がけとは言《い》えない。

リオン

エス博士《はかせ》は、植物学者《しょくぶつがくしゃ》だった。ある日《ひ》、散歩《さんぽ》がてらに動物学者《どうぶつがくしゃ》であるケイ博士《はかせ》の家《いえ》に立《た》ちより、玄関《げんかん》であいさつした。

「しばらくお会《あ》いしませんでしたが、お元気《げんき》ですか。あいかわらず、いそがしいのでしょうね」

ケイ博士《はかせ》は喜《よろこ》んで迎《むか》え入《い》れた。

「どうぞ、おはいり下《くだ》さい。やっと研究《けんきゅう》が一段落《いちだんらく》したところです。それに、ぜひお目《め》にかけたいものがあります」

「なんですか」

とエス博士《はかせ》が聞《き》くと、ケイ博士《はかせ》は庭《にわ》にむかって、

「リオン、リオン」

と呼《よ》んだ。すると、一匹《いっぴき》の動物《どうぶつ》がすばやい動《うご》きで、へやのなかに入《はい》ってきた。

見《み》なれない動物《どうぶつ》だった。大《おお》きさはネコぐらいだが、黄色《きいろ》っぽい色《いろ》で、しっぽが大《おお》きかった。大《たい》変《へん》かわいらしい。それをながめながら、エス博士《はかせ》は質問《しつもん》した。

「こんな動物《どうぶつ》を見《み》るのは、はじめてです。どこで発見《はっけん》したのですか」

「いや、これは、つかまえてきたものではありません。わたしが作《つく》りあげた、混血《こんけつ》の動物《どうぶつ》なのです」

「なんとなんとの混血《こんけつ》ですか」

「リスとライオンですよ。リオンという名前《なまえ》も、それでつけたのです」

とケイ博士《はかせ》に説明《せつめい》されてみると、たしかに、その両方《りょうほう》に似《に》ている。エス博士《はかせ》は目《め》を丸《まる》くしながら言《い》った。

「これは驚《おどろ》いた。しかし、なんでまた、こんなものを作《つく》る気《き》になったのです」

「最《もっと》も強《つよ》い百獣《ひゃくじゅう》の王《おう》ライオンと、小《ち》さくてかわいいリスと組《く》み合《あ》わせたらどうなるかに、興味《きょうみ》を持《も》ったからです」

「なるほど、さぞ苦心《くしん》なさったことでしょうね。学問的《がくもんてき》には、大変《たいへん》な価値《かち》があるでしょう。だけど、なにかの役《やく》に立《た》つのですか」

ケイ博士《はかせ》はうなずき、リオンの頭《あたま》をなでながら答《こた》えた。

「立《た》ちますとも。これは両方《りょうほう》のいい性質《せいしつ》をかねそなえています。つまり、飼《か》い主《ぬし》に対《たい》してはリスのごとくおとなしく、敵《てき》に対《たい》してはライオンのごとく勇敢《ゆうかん》です」

「なるほど」

「ごらんのように、ペットとしてもすばらしく、また、普通《ふつう》の番犬《ばんけん》よりははるかに強《つよ》いわけです。どんな強盗《ごうとう》でも追《お》い払《はら》ってしまいます。このあいだは探検旅行《たんけんりょこう》に連《つ》れてゆきましたが、これといっしょだと、ほかの猛獣《もうじゅう》が近《ちか》よってきません。ライオンのにおいがするためです。おかげで、夜《よる》も安《あん》心《しん》して眠《ねむ》ることができました」

「便利《べんり》なものですね……」

エス博士《はかせ》は感心《かんしん》しながら家《いえ》に帰《かえ》った。しかし、うらやましがっているだけでは、つまらない。自《じ》分《ぶん》も同《おな》じ考《かんが》え方《かた》で、なにか新《あたら》しい植物《しょくぶつ》を作《つく》りあげてやろうと決心《けっしん》した。

　ところで、どんなのがいいだろう。くだものを食《た》べながら、あれこれと考《かんが》えたあげく、エス博士《はかせ》は目《め》を輝《かがや》かせて叫《さけ》んだ。

「そうだ。ブドウとメロンとで新種《しんしゅ》を作《つく》ることにしよう。メロンの実《み》が、ブドウのようにたくさんなる植物《しょくぶつ》だ。ブロンと名前《なまえ》をつけてやろう。きっと、もうかるにちがいないぞ」

　エス博士《はかせ》は温室《おんしつ》にとじこもり、研究《けんきゅう》に熱中《ねっちゅう》し、なんとかタネを作《つく》りあげた。

「これでよし。早《はや》く芽《め》を出《だ》せ、ブロン、ブロンだ」

ブロンはどんどん成長《せいちょう》した。

そして、ついに実《み》のなる時《とき》がきた。しかし、エス博士《はかせ》はがっかりした表情《ひょうじょう》で頭《あたま》をかいた。ブドウのように小《ちい》さい実《み》が、メロンのように少《すこ》ししかならなかったのだ。

人《ひと》まねをしても、簡単《かんたん》に成功《せいこう》するとは限《かぎ》らないようだ。博士《はかせ》はブロンの実《み》をもぎ、つまらなそうに口《くち》に入《い》れた。
ちょっぴりすっぱい味《あじ》だった。

ボウシ

その老人《ろうじん》は夜《よる》の道《みち》をとぼとぼと歩《ある》いて、町《まち》はずれの自分《じぶん》の家《いえ》に帰《かえ》ってきた。まずしい小《ちい》さな家《いえ》で、なかには盗《ぬす》まれて困《こま》るような品《しな》など、なにひとつない。また、出迎《でむか》えてくれる者《もの》もなかった。彼《かれ》には身《み》よりがなかったのだ。

その老人《ろうじん》は、奇術師《きじゅつし》だった。しかし、有名《ゆうめい》ではなかった。ボウシのなかから、ウサギやハトや、花《はな》や旗《はた》などを出《だ》してみせる手品《てじな》しかできない。そう珍《めずら》しい奇術《きじゅつ》ではない。

だから、テレビにも大《おお》きな劇場《げきじょう》にも出演《しゅつえん》することができなかった。神社《じんじゃ》のお祭《まつり》などに出《で》かけて行《い》き、そこでいくらかのお金《かね》を得《え》るだけだった。きょうも縁日《えんにち》に出《で》かけ、一日《いちにち》じゅう立《た》ちつづけて、暗《くら》くなるまでその手品《てじな》をくりかえした。だけど、それを面白《おもしろ》がってお金《かね》を出《だ》してくれる人《ひと》は少《すく》なかった。帰《かえ》りに食《た》べ物《もの》とお酒《さけ》とを少《すこ》し買《か》ったら、あとにあまり残《のこ》らなかった。

老人《ろうじん》は食事《しょくじ》をし、お酒《さけ》を飲《の》み、ひとりごとを言《い》った。

「むかしはわたしの手品《てじな》を、人《ひと》びとはずいぶん喜《よろこ》んでくれたものだ。しかし、このごろの人《ひと》はちっとも感心《かんしん》してくれない。もっと新《あたら》しい手品《てじな》を考《かんが》え出《だ》せばいいのだろうが、こう年《とし》をとってしまっては、それも無理《むり》なのだ……」

老人《ろうじん》は悲《かな》しそうな顔《かお》で、つぶやきをつづけた。

「あしたはまた、遠《とお》くの縁日《えんにち》に出《で》かけなくてはならない。さて、ひと通《とお》り練習《れんしゅう》してから眠《ねむ》るとしようか」

老人《ろうじん》はボウシのなかから、いろいろなものを取《と》り出《だ》した。ほかにはなにもできないが、この手品《てじな》だけはうまいのだった。

そのようすを、窓《まど》の外《そと》から熱心《ねっしん》に見《み》つめている二人《ふたり》の人影《ひとかげ》があった。彼《かれ》らは、こんな意味《いみ》のことを話《はな》し合《あ》った。

「すごいものだな」

「ああ、驚《おどろ》くべきことだ」

普通《ふつう》の人《ひと》なら、こんなに目《め》を丸《まる》くするはずはない。彼《かれ》らは、ミーラ星《せい》からやってきた宇宙人《うちゅうじん》だった。そっと地球《ちきゅう》に立《た》ち寄《よ》ってみたものの、学《まな》ぶべき文明《ぶんめい》もなさそうなので帰《かえ》ろうとした。そして、通《とお》りがかりになにげなくのぞいた家《いえ》のなかに、この光景《こうけい》を見《み》つけたのだ。彼《かれ》らはさらに話《はな》しあった。

「あれは、なんでも出《で》てくる装置《そうち》だ」

「ぜひ、ミーラ星《せい》に持《も》ち帰《かえ》りたいものだ」

そのあげく、彼《かれ》らは家《いえ》のなかに入《はい》った。老人《ろうじん》はびっくりした。ぴっちりした銀色《ぎんいろ》の服《ふく》の、見《み》なれない二人《ふたり》が、とつぜんあらわれたのだから。酒《さけ》に酔《よ》ったせいかと思《おも》ったが、そうでもないらしい。

ミーラ星人《せいじん》たちは老人《ろうじん》に「それをゆずってくれ」と、手《て》まねでたのんだ。だが、老人《ろうじん》は首《くび》と手《て》を振《ふ》った。これは渡《わた》せない。これがなくなったら、生活《せいかつ》してゆけないのだ。

しかし、ミーラ星人《せいじん》たちは欲《ほ》しくてたまらなかった。あきらめられない。そこで二人《ふたり》はうなず

きあい、老人《ろうじん》に飛《と》びかかり、腕《うで》ずくで取《と》りあげて
しまった。
老人《ろうじん》は泣《な》き声《ごえ》をあげた。ボウシを取《と》られたら、
あしたからどうしたらいいのだろう。それを見《み》て、
ミーラ星人《せいじん》たちは少《すこ》し気《き》の毒《どく》になり、相談《そうだん》しあっ
た。
「悲《かな》しんでいるぞ。むりもないな。こんな便利《べんり》な
装置《そうち》なのだから。よし、かわりに、なにか置《お》いて
いってやるとするか。だが、なにがいいだろう」

「そうだな。こんなものしかないが」

と、ひとりがポケットから、ボールぐらいの大《おお》きさのエメラルドを出《だ》した。美《うつく》しい緑色《みどりいろ》の宝石《ほうせき》だ。

しかし、べつのひとりは言《い》った。

「なんだ。このあいだ寄《よ》った星《ほし》に、たくさんころがっていた石《いし》ころじゃないか。そんなものでは悪《わる》いだろう」

「しかし、ほかにしようがない。同情《どうじょう》はいいかげんにして、さあ、早《はや》く引《ひ》きあげよう」

ミーラ星人《せいじん》たちは、その宝石《ほうせき》を置《お》き、老人《ろうじん》の家《いえ》からかけ出《だ》した。そして、林《はやし》の奥《おく》の宇宙船《うちゅうせん》にもどり、大急《おおいそ》ぎで夜《よる》の空《そら》へ飛《と》び立《た》っていった。

金色《きんいろ》の海草《かいそう》

エヌ博士《はかせ》の研究所《けんきゅうじょ》は、岩《いわ》の多《おお》い海岸《かいがん》のそばにあった。窓《まど》からは、白《しろ》くくだける波《なみ》を見《み》ることができる。また、遠《とお》い水平線《すいへいせん》をゆく船《ふね》をながめることもできる。空気《くうき》がよく、静《しず》かで、夏《なつ》は涼《すず》しくていい。

ある日《ひ》、お金持《かねも》ちのアール氏《し》がたずねてきて、あいさつした。

「近《ちか》くまでドライブに来《き》たついでに、ちょっとお寄《よ》りしました」

「どうぞ、どうぞ。ごゆっくりと」

とエヌ博士《はかせ》は迎《むか》え、アール氏《し》は聞《き》いた。

「このごろは、どんな研究《けんきゅう》をなさっておいでなのですか」

「お目《め》にかけましょう。これです。やっとできあがりました」

エヌ博士《はかせ》は、ガラス製《せい》の容器《ようき》を指《ゆび》さした。海水《かいすい》がみたされてあり、そのなかで海草《かいそう》が育《そだ》っていた。輝《かがや》くような金色《きんいろ》をした海草《かいそう》だ。それがゆらゆらとゆれている光景《こうけい》は、じつに美《うつく》しかった。アール氏《し》は感心《かんしん》した。

「きれいなものですね。まるで、おとぎの国《くに》にでもいるようだ。どうやって、色《いろ》をぬったのですか」

「いや、色《いろ》をぬったのでも、メッキをしたのでもありません。これは、金《きん》でできている海草《かいそう》なのですよ」

「まさか。そんなもの、あるわけがないでしょう」

と、ふしぎがるアール氏《し》に、エヌ博士《はかせ》は説明《せつめい》した。

「草《くさ》や木《き》は地面《じめん》のなかから養分《ようぶん》をとり入《い》れ、クキや葉《は》など、自分《じぶん》のからだを作《つく》ります。それと同《おな》じことですよ。この海草《かいそう》は海水中《かいすいちゅう》に含《ふく》まれている金《きん》をとり入《い》れ、からだを作《つく》るのです。長《なが》いあいだかかって品種《ひんしゅ》を改良《かいりょう》し、なんとか完成《かんせい》しました」

「海水《かいすい》のなかに金《きん》が含《ふく》まれているということは、わたしも聞《き》いたことがある。しかし、それを取《と》り出《だ》すのは、大変《たいへん》な手間《てま》だという話《はなし》だったが……」

「機械《きかい》でやったのでは、費用《ひよう》がかかって、ひきあいません。しかし、この海草《かいそう》はこの通《とお》りやってくれるのです」

「では、これを使《つか》えば、簡単《かんたん》に金《きん》がとれるわけですね」

「ええ。焼《や》いて、よぶんな灰《はい》を除《のぞ》けば、金《きん》が残《のこ》ります」

アール氏《し》は目《め》を丸《まる》くして見《み》つめていたが、がまんできなくなって言《い》った。

「すごい発明《はつめい》だ。どうでしょう。ぜひ、これをわたしにゆずって下《くだ》さい」

「しかし……」

「お願《ねが》いしますよ。お金《かね》なら、いくらでも払《はら》いますから」

アール氏《し》の熱心《ねっしん》さに負《ま》けて、ついにエヌ博士《はかせ》は承知《しょうち》した。

「いいでしょう。お売《う》りしましょう」

「それは、ありがたい。さっそく、これをふやして、海《うみ》の底《そこ》で育《そだ》てることにしよう。金《きん》のとれる畑《はたけ》ができるわけだ」

「そうです。大《おお》いにふやして下《くだ》さい」

と、エヌ博士《はかせ》は育《そだ》て方《かた》を書《か》いた説明書《せつめいしょ》を渡《わた》した。アール氏《し》は、それを受取《うけと》って言《い》った。

「もちろん、そうするとも。しかし、あなたは欲《よく》のない人《ひと》ですね」

「わたしは早《はや》く、つぎの研究《けんきゅう》をしたいのです」

「わたしは、お金《かね》をもうけるほうが好《す》きだ。これで、さらにお金持《かねも》ちになれる」

アール氏《し》は大喜《おおよろこ》びだった。お金《かね》を払《はら》い、金色《きんいろ》の海草《かいそう》を持《も》って帰《かえ》っていった。それを見送《みおく》りながら、エヌ博士《はかせ》のほうも喜《よろこ》んでいた。

「金色《きんいろ》の海草《かいそう》が売《う》れ、おかげで、つぎの研究《けんきゅう》をする費用《ひよう》ができた。さっそく、それにとりかかろう。こんどは、金《きん》のウロコを持《も》つ魚《さかな》を作《つく》りあげよう。海底《かいてい》でふえた金《きん》の海草《かいそう》を食《た》べて育《そだ》つ魚《さかな》。そして、すばしこく泳《およ》ぎ、大《おお》きくなったら戻《もど》ってくるような性質《せいしつ》の魚《さかな》だ。海《うみ》のミツバチとでも呼《よ》ぶべきものだ。このほうが、もっとすばらしいではないか」

盗《ぬす》んだ

書類《しょるい》

静《しず》かな夜《よ》ふけ。エフ博士《はかせ》の研究所《けんきゅうじょ》のそばに、ひとりの男《おとこ》がひそんでいた。その男《おとこ》は、泥棒《どろぼう》だった。

エフ博士《はかせ》はこれまでに、すばらしい薬《くすり》をつぎつぎと発明《はつめい》してきた。まもなく、また新《あたら》しい薬《くすり》を完《かん》成《せい》するらしいとのうわさだった。男《おとこ》はその秘密《ひみつ》を早《はや》いところ盗《ぬす》み出《だ》し、よそに売《う》りとばそうという計画《けいかく》をたてたのだ。

男《おとこ》は窓《まど》から、そっとのぞきこんだ。なかではエフ博士《はかせ》がひとり、むちゅうになって薬《くすり》をまぜあわせている。熱中《ねっちゅう》しすぎて、のぞかれていることに気《き》がつかない。

やがて、少量《しょうりょう》の薬《くすり》ができあがった。みどり色《いろ》をした液体《えきたい》だった。博士《はかせ》はそれを飲《の》み、大《おお》きくうなずいた。

「うむ、味《あじ》は悪《わる》くない。においも、これでいいだろう……」

そして、のびをしながらつぶやいた。

「やれやれ、やっとできた。いままでにわたしは、いろいろな薬《くすり》を作《つく》った。しかし、この薬《くすり》にまさる薬《くすり》はあるまい。世《せ》界的《かいてき》な大発明《だいはつめい》だ。さて、忘《わす》れないうちに、製造法《せいぞうほう》を書《か》きとめておくとしよう」

博士《はかせ》は紙《かみ》に書《か》き、それをへやのすみの金庫《きんこ》のなかに、大事《だいじ》そうにしまいこんだ。それから、自分《じぶん》の家《いえ》へと帰《かえ》っていった。

待《ま》ちかまえていた男《おとこ》は、仕事《しごと》にとりかかった。注《ちゅう》意《い》して窓《まど》をこじあけ、なかにしのびこむ。さっき博士《はかせ》がやった通《とお》りに金庫《きんこ》のダイヤルの番号《ばんごう》を合《あ》わせると、簡単《かんたん》にあけることができた。男《おとこ》は書類《しょるい》をポケットに入《い》れ、うれしそうな足《あし》どりで逃《に》げ出《だ》した。

「しめしめ、これでひともうけできるぞ。博士《はかせ》が飲《の》んだところをみると、人体《じんたい》に害《がい》のないことはたしかだ。それに、すごい薬《くすり》とか言《い》っていた。だが、どんなききめがあるのだろうか……」

その点《てん》が、なぞだった。飲《の》んだあと博士《はかせ》がどうなったのか、調《しら》べるひまはなかった。電話《でんわ》をかけて聞《き》くわけにもいかない。しかし、エフ博士《はかせ》の発《はっ》明《めい》だから、いままでの例《れい》からみて、役《やく》に立《た》つ薬《くすり》であることはあきらかだ。

かくれ家《が》に引《ひ》きあげた男《おとこ》は、紙《かみ》に書《か》いてある製《せい》法《ほう》に従《したが》って、薬《くすり》を作《つく》ってみることにした。どんな作《さ》用《よう》があるのか知《し》っていないと、ひとに売《う》りつける時《とき》に困《こま》るのだ。

原料《げんりょう》を集《あつ》め、フラスコやビーカーも買《か》いととのえた。そして、何日《なんにち》かかかって、問題《もんだい》の薬《くすり》ができあがった。スズランのような、いいにおいがする。男《おとこ》はそれを自分《じぶん》で飲《の》んでみた。すがすがしい味《あじ》がした。男《おとこ》はイスに腰《こし》をかけ、ききめがあらわれるのを待《ま》った。

そのうち、男《おとこ》は立《た》ちあがり、そとへ出《で》た。急《いそ》ぎ足《あし》で歩《ある》きつづけ、ついたところはエフ博士《はかせ》の研《けん》究所《きゅうじょ》だった。

「先生《せんせい》。申《もう》しわけないことをしました。このあいだ、ここの金庫《きんこ》から書類《しょるい》を盗《ぬす》んでいったのは、わたしです。わたしをつかまえ、警察《けいさつ》へつき出《だ》して下《くだ》さい」

と男《おとこ》は言《い》った。それを迎《むか》えた博士《はかせ》は念《ねん》を押《お》した。

「本当《ほんとう》にあなたなのですか」

「そうです。書《か》いてある通《とお》りにやって薬《くすり》を作《つく》り、それを飲《の》んでみました。そうすると、自分《じぶん》のしたことが悪《わる》かったのに気《き》づき、ここへやってきたのです。お許《ゆる》し下《くだ》さい。盗《ぬす》んだ書類《しょるい》は、おかえしします」

男《おとこ》は涙《なみだ》を流《なが》してあやまった。だが、エフ博士《はかせ》は怒《おこ》ろうともせず、にっこり笑《わら》いながら言《い》った。

「それはそれは。やはり、わたしの発明《はつめい》はききめがあった。この薬《くすり》は、良心《りょうしん》をめざめさせる作用《さよう》を持《も》ったものです。ところが、作《つく》ってはみたものの、あとで困《こま》ったことに気《き》がついた。実験《じっけん》のために、進《すす》んで飲《の》んでみようという悪人《あくにん》がいないのです。しかし、あなたのおかげで、作用《さよう》のたしかさが証明《しょうめい》できたというわけです。どうも、ごくろうさまでした」

薬《くすり》と夢《ゆめ》

アール氏《し》はある日《ひ》、友人《ゆうじん》のエフ博士《はかせ》の研究室《けんきゅうしつ》をおとずれた。さまざまな器具《きぐ》が並《なら》び、薬品《やくひん》のにおいがただよっている。アール氏《し》は言《い》った。

「こんどは、どんな薬《くすり》を作《つく》ろうとなさっているのですか」

「夢《ゆめ》を見《み》ることのできる薬《くすり》です。ずいぶん苦心《くしん》しましたが、やっと試作品《しさくひん》が完成《かんせい》しました。これがそうですよ」

と、エフ博士《はかせ》は、そばの机《つくえ》の上《うえ》にあるビンを指《ゆび》さした。なかには、白《しろ》い粒《つぶ》がいっぱい入《はい》っている。

アール氏《し》は、目《め》を丸《まる》くして感心《かんしん》した。

「それはすばらしい。そんな薬《くすり》ができてくれれば、わたしたちの生活《せいかつ》は、いっそう楽《たの》しいものとなります。好《す》きな夢《ゆめ》が、自由《じゆう》に見《み》られるというわけですね」

しかし、エフ博士《はかせ》は手《て》を振《ふ》って答《こた》えた。

「いや、まだそこまでは、むりです。いまのところは動物《どうぶつ》だけです。これを飲《の》むと、夢《ゆめ》に動物《どうぶつ》があられてくれます」

「なるほど、そうでしたか」

「つぎには、植物《しょくぶつ》の夢《ゆめ》を見《み》られる薬《くすり》の研究《けんきゅう》です。いずれは、山《やま》や海《うみ》などの景色《けしき》のあらわれるのも作《つく》ります。ひととおりそろったら、それぞれ組合《くみあ》わせる研究《けんきゅう》ですよ。たとえば、うまく組合《くみあ》わせれば、海岸《かいがん》の松《まつ》の上《うえ》をツルが舞《ま》っている、というのになるわけです」

「すてきな夢《ゆめ》を完成《かんせい》するのも、容易《ようい》なことではありませんね。で、この粒《つぶ》を飲《の》むと、どんな動物《どうぶつ》があらわれてくるのですか」

と、アール氏《し》はビンを見《み》つめながら質問《しつもん》した。

「いろいろ作《つく》りましたが、みなまぜてしまいました。馬《うま》のもあり、ウサギのもあります。もちろん、ヘビとかハゲタカといった、あまり人気《にんき》のない種《しゅ》類《るい》のはやめましたが」

エフ博士《はかせ》の話《はなし》を聞《き》いているうちに、アール氏《し》はためしてみたくなってきた。

「一粒《ひとつぶ》でいいから、飲《の》ませて下《くだ》さい」

「いいですとも。家《いえ》へ帰《かえ》ってから、ベッドに入《はい》るまえに飲《の》んでごらんなさい。少《すこ》しわけてあげますから」

エフ博士《はかせ》は十粒《じっつぶ》ばかり小《ちい》さなビンに移《うつ》し、さし出《だ》した。アール氏《し》は聞《き》いた。

「人体《じんたい》に影響《えいきょう》はないのでしょうね」

「その点《てん》はご心配《しんぱい》なく。何回《なんかい》もたしかめてみました。また、夢《ゆめ》のなかで、動物《どうぶつ》にひっかかれたり、かみつかれたりすることもありませんよ」

「どうもありがとう」

アール氏《し》はお礼《れい》を言《い》い、わけてもらった薬《くすり》を持《も》って、大喜《おおよろこ》びで帰宅《きたく》した。そして、寝《ね》るまえに一粒《ひとつぶ》を飲《の》んでみた。すると、その夜《よる》の夢《ゆめ》にクマがあらわれた。おとなしいクマで、いっしょに遊《あそ》んでくれた。背中《せなか》にのせてくれたり、スモウの相手《あいて》になってくれたのだ。ちょうど、金太郎《きんたろう》になったような気分《きぶん》だった。目《め》がさめてから、アール氏《し》はつぶやいた。

「ききめはたしかだ。ただながめるだけのテレビとは、またちがった面白《おもしろ》さがある。よし。今夜《こんや》は少《すこ》し多《おお》く飲《の》んで、たくさんの動物《どうぶつ》があらわれる、にぎやかな夢《ゆめ》を見《み》ることにしよう」

その晩《ばん》には三粒《さんつぶ》を飲《の》んでみた。眠《ねむ》りにつくと、まず夢《ゆめ》にネコがあらわれた。毛《け》なみのいい、かわいいネコだ。しかし、それと遊《あそ》ぼうとしたとたん、つぎに犬《いぬ》があらわれた。ネコはアール氏《し》をそっちのけにして、あわてて逃《に》げはじめた。犬《いぬ》はほえながら追《お》いかける。そればかりではない。三番目《さんばんめ》にあらわれたライオンが、その犬《いぬ》を追《お》いかけはじめたのだ。

そして三匹《さんびき》とも、どこか遠《とお》くのほうにいってしまった。それっきり朝《あさ》まで、夢《ゆめ》ではなにもおこらなかった。

アール氏《し》は、目《め》がさめてから残念《ざんねん》がった。

「やれやれ、せっかくの薬《くすり》を、むだにしてしまった。

たくさん飲《の》んだから、それだけ面白《おもしろ》いというもの

でもないようだな」

なぞのロボット

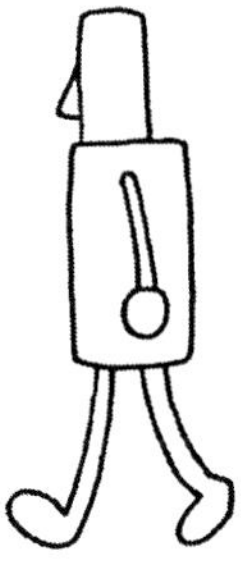

エヌ博士《はかせ》は、ひとつのロボットを作《つく》りあげた。それからは、家《いえ》にいる時《とき》も研究所《けんきゅうじょ》にいる時《とき》も、いつもそばに置《お》いておく。通勤《つうきん》の途中《とちゅう》はもちろん、休日《きゅうじつ》にどこかへ遊《あそ》びにゆく時《とき》も、必《かなら》ずいっしょだった。

博士《はかせ》のあとを、ロボットがひとりでに、ついてゆくのだ。ちょうど、影《かげ》ぼうしのようだった。あまり大《おお》きくはなく、やせた形《かたち》のロボットなので、乗物《のりもの》のなかでも、そうじゃまにならない。しかし、

これがどんな働《はたら》きをするのかは、博士《はかせ》のほかには
だれも知《し》らなかった。
ある日《ひ》、エヌ博士《はかせ》の家《いえ》にやってきた友人《ゆうじん》が聞《き》い
た。
「いつも、ロボットといっしょなのですね」
「そうです。わたしには、なくてはならないもの
ですから」
「しかし、いつうかがっても、このロボットの働《はたら》
いているのを見《み》たことがありません。お茶《ちゃ》を運《はこ》ん

でもなければ、へやや庭《にわ》のそうじもしないようですね」

「そんなことのために作《つく》ったのではありません」

「いったい、なんの役《やく》に立《た》つのですか」

「たいしたことでは、ありませんよ。それに、ほかの人《ひと》には関係《かんけい》のないことです」

エヌ博士《はかせ》は教《おし》えようとしない。そこで、友人《ゆうじん》はロボットのほうに聞《き》いてみることにした。

「おまえは、どんなことをするロボットなんだい」

ロボットなら、うそをつかないだろうと考《かんが》えたからだ。だが、なんど聞《き》いても答《こた》えない。友人《ゆうじん》は、またエヌ博士《はかせ》に質問《しつもん》した。

「このロボットは、耳《みみ》が聞《き》こえないのですか」

「そんなことはありません」

「では、口《くち》がきけないのですか」

「そうです。その必要《ひつよう》がないからですよ」

しかし、これだけの説明《せつめい》では、なぞは少《すこ》しもとけない。

友人《ゆうじん》は、ますます気《き》になってならなかった。つぎの日《ひ》、エヌ博士《はかせ》が外出《がいしゅつ》するのを待《ま》ちかまえ、そっとあとをつけてみた。

だが、ロボットは博士《はかせ》のあとに従《したが》って歩《ある》くだけで、なんにもしない。カバンを持《も》ってあげようともせず、博士《はかせ》がハンケチを落《お》としても、注意《ちゅうい》したり拾《ひろ》ったりもしない。

ついに、友人《ゆうじん》はある作戦《さくせん》を思《おも》いついた。犬《いぬ》をけしかけてみることにしたのだ。いくらなんでも、ぼんやり立《た》ったままということはないだろう。

犬《いぬ》は勢《いきお》いよく、エヌ博《は》士《かせ》にほえついた。おどろいた博《は》士《かせ》はあわてて逃《に》げまわったが、ロボットはそれを助《たす》けようとしない。それどころか、いっしょになって逃《に》げるだけだ。このようすを、友人《ゆうじん》は物《もの》かげから見《み》てつぶやいた。

「なさけないロボットだな。本当《ほんとう》に役《やく》に立《た》たないらしい。へんなものを作《つく》ったものだな。わけがわからん」

さらに、研究室《けんきゅうしつ》へもしのびこんで、のぞいてもみた。だが、ここでも同《おな》じように、ロボットは博士《はかせ》のそばにじっと立《た》っているだけだ。友人《ゆうじん》はこれ以上《いじょう》つづけてもむだだと、調《しら》べるのをあきらめた。

夕方《ゆうがた》になると、エヌ博士《はかせ》は自分《じぶん》の家《いえ》に帰《かえ》る。そして、夜《よる》になり眠《ねむ》る時間《じかん》になると、博士《はかせ》は短《みじか》く命令《めいれい》するのだ。

「さあ、たのむよ」

それによって、ロボットはやっと、ちょっとのあいだ仕事《しごと》をする。机《つくえ》にむかってノートをひろげ、日記《にっき》をつけはじめるのだ。たとえば、外出《がいしゅつ》してハンケチをなくしたことや、犬《いぬ》にほえられたけれど、あやうく逃《に》げたことなどを……。

エヌ博士《はかせ》はベッドのなかからそれをながめて、笑《わら》いながらひとりごとを言《い》った。

「わたしは日記《にっき》をつけるのが、めんどくさくてならない。そのため、このロボットを作《つく》ったのだ。

しかし、こんなことはみっともなくて、とても他《た》人《にん》に話《はな》すわけにはいかない」

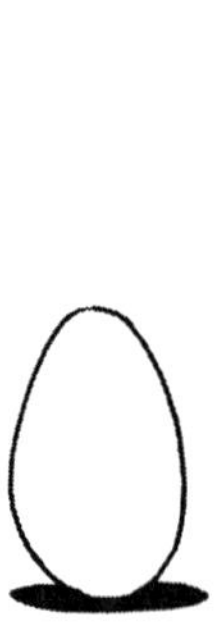

へんな 薬《くすり》

ケイ氏《し》の家《いえ》にやってきた友人《ゆうじん》が言《い》った。

「あなたは、薬《くすり》をいじるのが好《す》きですね。いつ来《き》ても、薬《くすり》をまぜ合《あ》わせたり熱《ねっ》したりしている。なにか、いいことがあるのですか」

「喜《よろこ》んで下《くだ》さい。やっと、すごい薬《くすり》ができました。これですよ」

と、ケイ氏《し》は粉《こな》の入《はい》ったビンを指《ゆび》さした。友人《ゆうじん》は、それを見《み》ながら聞《き》いた。

「それは、けっこうでした。で、なんの薬《くすり》ですか」

「カゼの薬《くすり》です」

「いままでのにくらべ、どんな点《てん》がすぐれているというのですか」

「いま、ききめをごらんに入《い》れましょう」

こう言《い》いながら、ケイ氏《し》は少《すこ》し飲《の》んでみせた。友人《ゆうじん》はふしぎそうだった。

「ききめを見《み》せるといっても、あなたは、カゼをひいていないでしょう」

「いいから、見《み》ていてごらんなさい」

まもなく、ケイ氏《し》はセキをはじめた。友人《ゆうじん》は心《しん》配《ぱい》そうに、ケイ氏《し》のひたいに手《て》を当《あ》てた。

「熱《ねつ》がある。これは、どうしたことです」

「さわぐことはありません。これはカゼをなおす薬《くすり》ではなく、カゼひきになる薬《くすり》なのです」

「ばかばかしい。あきれました。わたしにカゼをうつさないよう、願《ねが》いますよ」

「それは大丈夫《だいじょうぶ》です。まあ、もう少《すこ》しお待《ま》ち下《くだ》さい」

一時間《いちじかん》ほどたつと、ケイ氏《し》のセキはおさまり、熱《ねつ》もさがった。友人《ゆうじん》は、ますます変《へん》な顔《かお》になった。

「もうなおったのですか」

「つまりですね。この薬《くすり》を飲《の》むと、カゼをひいたのと同《おな》じ外見《がいけん》になるのです。外見《がいけん》だけで、本人《ほんにん》は苦《くる》しくもなく、害《がい》もありません。そして、一時間《いちじかん》たつと、もとにもどるのです」

「妙《みょう》なものを、こしらえましたね。しかし、こんな薬《くすり》が、なにかの役《やく》に立《た》つのですか」

「もちろんです。ずる休《やす》みに使《つか》えます。すなわち、いやな仕事《しごと》をしなくてすむというわけでしょう」

こう説明《せつめい》され、友人《ゆうじん》ははじめて感心《かんしん》した。

「なるほど、なるほど。それは便利《べんり》だ。やりたくない仕事《しごと》を押《お》しつけられそうになった時《とき》は、この薬《くすり》を飲《の》めばいいのですね。すばらしい。ぜひ、わたしにわけて下《くだ》さい」

「そらごらんなさい。ほしくなったでしょう。いいですとも、少《すこ》しあげましょう」

小《ち》さなビンに入《い》れてもらい、友人《ゆうじん》は喜《よろこ》んで帰《かえ》っていった。

そして、ある日《ひ》、こんどはケイ氏《し》が友人《ゆうじん》の家《いえ》をおとずれた。誕生日《たんじょうび》のお祝《いわ》いをしたいから、ぜひ来《き》てくれと、さそわれたのだ。

その食事《しょくじ》のとちゅう、ケイ氏《し》はふいに顔《かお》をしかめて言《い》った。

「きゅうに腹《はら》が痛《いた》みだした。悪《わる》いけれど、これで失礼《しつれい》します」

友人《ゆうじん》はあわてたが、気《き》がついたように言《い》った。

「からかわないで下《くだ》さい。わたしの家《いえ》にいるのが面白《おもしろ》くないので、早《はや》く帰《かえ》りたいというのでしょう。ゆっくりしていって下《くだ》さいよ」

「いや、本当《ほんとう》に痛《いた》むのだ」

ケイ氏《し》の顔《かお》は青《あお》ざめ、汗《あせ》を流《なが》し、ぐったりとした。しかし、友人《ゆうじん》は信用《しんよう》せず、笑《わら》いながらひきとめた。

「このあいだのカゼ薬《ぐすり》以上《いじょう》に、よくできています。

いつもカゼでは怪《あや》しまれますから、たまには腹痛《ふくつう》にもならないといけませんね」

しかし、一時間《いちじかん》たってもケイ氏《し》は元気《げんき》にならず、苦《くる》しみかたは、ひどくなるばかりだ。友人《ゆうじん》はやっと、これは本物《ほんもの》の病気《びょうき》かもしれないと考《かんが》えて、医《い》者《しゃ》を呼《よ》んだ。かけつけてきた医者《いしゃ》は、ケイ氏《し》の手《て》当《あ》てをしてから言《い》った。

「まにあってよかった。もう少《すこ》しおくれたら、手《て》おくれになるところでしたよ。しかし、なぜもっと早《はや》く連絡《れんらく》してくれなかったのですか」
このことがあってから、ケイ氏《し》はへんな薬《くすり》を作《つく》るのをやめてしまった。

鳥《とり》の歌《うた》

アール氏《し》は友人《ゆうじん》のエイ博士《はかせ》の研究所《けんきゅうじょ》をおとずれ、話《はな》しかけた。

「このごろは、どんな研究《けんきゅう》をやっているのですか」

「鳥《とり》ですよ。いま、ごらんにいれましょう。いや、お聞《き》かせするといったほうがいいのかな」

こう言《い》いながら、博士《はかせ》は一羽《いちわ》のハトをカゴから出《だ》した。豆《まめ》をやり頭《あたま》をなでてやると、そのハトが鳴《な》きだした。しかし、普通《ふつう》の鳴《な》き方《かた》ではなく、童謡《どうよう》のハトポッポの歌《うた》のメロディーで鳴《な》いたのだ。

アール氏《し》は目《め》を丸《まる》くした。

「これは、おどろいた。どうして、こんなことになったのですか。ぜひ説明《せつめい》して下《くだ》さい」

アール氏《し》は知《し》りたがった。博士《はかせ》は承知《しょうち》し、研《けん》究室《きゅうしつ》のなかを案内《あんない》し、ある物《もの》を指《ゆび》さした。

「ここにあるのが、わたしの作《つく》ったロボットのハトです。ハトポッポのメロディーで鳴《な》く、オルゴールのようなものです」

「見《み》たところは、本物《ほんもの》そっくりですね」

「うまれたばかりのハトを、このロボットのハトといっしょに育《そだ》てたのです。すると、ハトはそれにつられ、だんだん歌《うた》うようになったのです」

「なるほど。外国人《がいこくじん》のあいだで育《そだ》つと、しぜんに、その国《くに》の言葉《ことば》を覚《おぼ》えてしまうようなものですね。ほんとに面白《おもしろ》い」

アール氏《し》があまり感心《かんしん》するので、博士《はかせ》はこんどはカナリヤを出《だ》してきた。

「これもおなじ方法《ほうほう》で育《そだ》てたのですが、もっとよく歌《うた》いますよ。お聞《き》かせしましょう」

そのカナリヤは、美《うつく》しい声《こえ》でシューベルトの曲《きょく》を歌《うた》った。アール氏《し》はため息《いき》をついた。

「すばらしい。コマーシャル・ソングを歌《うた》えるようにして、どこかの会社《かいしゃ》に持《も》ち込《こ》めば、さぞ、もうかることでしょう」

「いや、わたしは、商売《しょうばい》にするつもりなどありません。鳥《とり》の声《こえ》を、学問的《がくもんてき》に研究《けんきゅう》しているだけなのです」

アール氏《し》は鳥《とり》の声《こえ》を聞《き》いていたが、やがて博士《はかせ》に言《い》った。

「これを一羽《いちわ》ゆずって下《くだ》さい。代金《だいきん》は、いくらでも払《はら》いますよ。じつは、きょうはわたしの結婚記《けっこんき》念日《ねんび》なのです。妻《つま》へのおくり物《もの》にしたいのですよ。お願《ねが》いします」

「そうでしたか。これまでに育《そだ》てるのは大変《たいへん》でしたが、ほかならぬあなたです。おゆずりしましょう」

アール氏《し》は大喜《おおよろこ》びし、大金《たいきん》を払《はら》い、そのカナリヤをもらうことができた。

家《いえ》に帰《かえ》ると、アール氏《し》は夫人《ふじん》に言《い》った。

「おまえを、びっくりさせる物《もの》があるよ」

だが、夫人《ふじん》のほうもこう言《い》った。

「あら、あたしもよ。あなたをびっくりさせるような、すてきな物《もの》を買《か》ってきたの。なんだと思《おも》う」

「さあ、なんだろうな」

「カナリヤよ。ほら」

アール氏《し》は本当《ほんとう》にびっくりした。しかも、そのカナリヤはエサをやると、いろいろな曲《きょく》をつぎつぎと上手《じょうず》に歌《うた》うのだった。アール氏《し》は聞《き》いた。

「これを、どこで買《か》ってきたのだい。とても高《たか》かったのだろう」

「いいえ、安《やす》かったわ。あたしの友《とも》だちが持《も》っていたのを、ゆずってもらったのよ」

「しかし、これだけにするには、とても手間《てま》がかかるはずだ」

「たいしたことはないそうよ。その人《ひと》は、鳴《な》かないカナリヤがかわいそうだからと、小《ちい》さな装置《そうち》を作《つく》ったの。それを手術《しゅじゅつ》で首《くび》に埋《う》めこんだのよ。エサをやるとその装置《そうち》が動《うご》き、カナリヤの声帯《せいたい》に作《さ》用《よう》して、こんなふうに歌《うた》ってくれるのよ」

「なんだ、そんなしかけができたのか」

「さあ、あなたの買《か》ってきたものを、見《み》せてちょうだい」

アール氏《し》は困《こま》ってしまった。高《たか》いお金《かね》を払《はら》って、むりに手《て》に入《い》れて損《そん》をしたなと残念《ざんねん》がった。

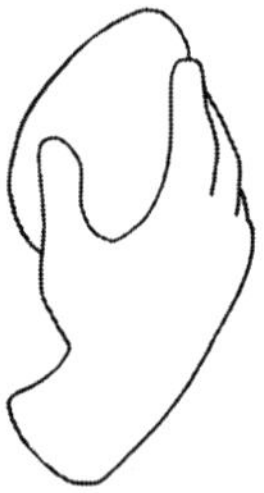

火《ひ》の用《よう》心《じん》

学者《がくしゃ》のエヌ博士《はかせ》は、助手《じょしゅ》の青年《せいねん》を呼《よ》んで、こう話《はな》しかけた。

「きみもそろそろ、なにか珍《めずら》しい物《もの》を発明《はつめい》していいころだと思《おも》うがね」

「はい。じつは、いま、ご報告《ほうこく》しようと思《おも》っていたところです」

「なにか作《つく》ったというわけだね」

「ええ、これです。ロボットの鳥《とり》ですよ」

と青年《せいねん》は手《て》にしていた鳥《とり》を見《み》せた。カラスぐらいの大《おお》きさだった。博士《はかせ》は、それをながめながら聞《き》いた。

「うまく飛《と》ぶのかね」

「もちろんです。しかも、ただ飛《と》ぶだけではありません。よくごらんになって下《くだ》さい」

青年《せいねん》は鳥《とり》の頭《あたま》についているボタンを押《お》した。ロボットの鳥《とり》は羽《は》ばたきをし、へやのなかを飛《と》びまわりはじめた。そして「火《ひ》の用心《ようじん》、火《ひ》の用心《ようじん》」とさえずる。また、口《くち》をぱくぱくやると、カチカチというヒョウシ木《ぎ》の音《おと》をたてた。それを見《み》て、博《はか》士《せ》は腕《うで》ぐみをした。

「妙《みょう》なものを作《つく》ったな。しかし、まあ少《すこ》しは役《やく》に立《た》つかもしれないな」

「いえ、少《すこ》しではありません。とても大《おお》きな働《はたら》きをします。この鳥《とり》は火事《かじ》を発見《はっけん》すると、大声《おおごえ》で叫《さけ》びます。また、その場所《ばしょ》を、電波《でんぱ》で知《し》らせてくれます」

「そうか。そうなると大発明《だいはつめい》だ。たくさん作《つく》って飛《と》ばせば、火事《かじ》による災害《さいがい》を、ぐんとへらすことができるわけだ。よくやった」

博士《はかせ》は青年《せいねん》をほめ、感心《かんしん》しながらタバコに火《ひ》をつけた。そのとたん、ロボット鳥《どり》はそばへ飛《と》んできて「火事《かじ》だ、火事《かじ》だ」と叫《さけ》んだ。

同時《どうじ》に、青年《せいねん》の持《も》っていた装置《そうち》は、ガーガーと音《おと》をたてはじめた。博士《はかせ》はあわててタバコを投《な》げ捨《す》てた。

「性能《せいのう》のたしかなことは、よくわかった。だが、これでは困《こま》る。もっと改良《かいりょう》しなさい」

「そういたします」

青年《せいねん》はひきさがった。

何日《なんにち》かたって、青年《せいねん》はまた持《も》ってきた。

「こんどは大丈夫《だいじょうぶ》です。小《ち》さな火《ひ》には反応《はんのう》しないように、改良《かいりょう》しましたから」

「では、みせてもらおう」

「はい」

青年《せいねん》はへやの窓《まど》を開《あ》け、鳥《とり》のボタンを押《お》した。

しかし、鳥《とり》は窓《まど》から出《で》てゆこうとせず、へやのすみへ飛《と》んでいって「火事《かじ》だ」と叫《さけ》んだ。

そこには、きょうからつけはじめた煖房装置《だんぼうそうち》があった。博士《はかせ》は笑《わら》って言《い》った。

「まだ、実用《じつよう》にはむりなようだな」

さらに何日《なんにち》かたった。ある夜《よる》、博士《はかせ》は眠《ねむ》っているところを起《おこ》された。目《め》をこすって相手《あいて》を見《み》ると助手《じょしゅ》であり、時計《とけい》をのぞくと午前四時《ごぜんよじ》だった。

「どうしたんだ、こんな時間《じかん》に」

「一刻《いっこく》も早《はや》くお知《し》らせしようと思《おも》ったからです。

こんどこそ、本当《ほんとう》に完成《かんせい》しました。よく教《おし》えこんだのです。火事《かじ》とは、しだいに熱《あつ》さをましてゆくものだと。これなら、煖房《だんぼう》があってもさわぎません」

こんどは鳥《とり》も、開《あ》けた窓《まど》から飛《と》び出《だ》していった。

「火《ひ》の用心《ようじん》、カチカチ」という音《おと》が遠《とお》ざかっていった。

しばらくすると、青年《せいねん》の手《て》にある受信装置《じゅしんそうち》がガーガーと鳴《な》りはじめた。

「ほら、どこかで火事《かじ》をみつけました」

しかし、装置《そうち》を調《しら》べると、鳥《とり》はどんどん飛《と》びつづけていることがわかった。遠《とお》くに火事《かじ》を発見《はっけん》して、それにむかっているのかもしれない。

その方角《ほうがく》に当《あた》る消防署《しょうぼうしょ》に電話《でんわ》をかけ、聞《き》いてみた。しかし、どこにも火事《かじ》はないという返事《へんじ》だった。青年《せいねん》はふしぎがった。

「どういうことなのだろう。こんどこそ成功《せいこう》だと思《おも》ったのに」

そのうち、博士《はかせ》はひざをたたいて言《い》った。

「わかったぞ。この飛《と》び方《かた》を見《み》ると、のぼってきた太陽《たいよう》をめざしているらしい。のぼるにつれて、あたたかくなるからな。この調子《ちょうし》だと、戻《もど》ってこないかもしれないぞ」

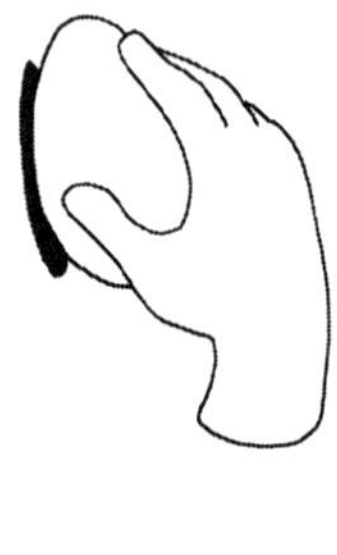

スピード時代《じ》《だい》

天気《てんき》のいい休日《きゅうじつ》。お金持《かねも》ちのアール氏《し》は、庭《にわ》で草花《くさばな》の手入《てい》れをしていた。すると、かきね越《ご》しに声《こえ》をかけてきた男《おとこ》があった。

「草花《くさばな》がお好《す》きのようですね」

「ええ、好《す》きですよ」

とアール氏《し》が答《こた》えると、男《おとこ》は言《い》った。

「じつは、ちょっと、お見《み》せしたいものがあります」

「なんですか。園芸用品《えんげいようひん》の売《う》り込《こ》みですか」

「もっといいものです。この粉《こな》ですよ。タネをまいてから、この粉《こな》をとかした水《みず》をかけてやると、すばらしい早《はや》さで育《そだ》つのです」

男《おとこ》は門《もん》をまわって庭《にわ》に入《はい》ってきて、ビンに入《はい》った白《しろ》い粉《こな》を見《み》せた。アール氏《し》は笑《わら》った。

「まるで、花《はな》さかじいさんのような話《はなし》ですね。とても信《しん》じられない」

「おうたがいでしたら、いま、ここでごらんに入《い》れましょう。タネをまきますよ。これはスイカ、これはイチゴ、これはトマトです」

「それなら、ついでにこれもまいてみよう。アサガオのタネだ」

「いいですとも」

男《おとこ》はこう言《い》いながら、シャベルを借《か》りて地面《じめん》にタネを埋《う》めた。それから、ビンの粉《こな》を水《みず》にとかし、ジョウロでかけてやった。アール氏《し》は、それをながめてつぶやいた。

「ばかばかしいように思《おも》えてならないな」

「まあ、少《すこ》しお待《ま》ち下《くだ》さい」

「少《すこ》しといっても、一週間《いっしゅうかん》ぐらいはかかるのだろう」

「とんでもありません。ほら」と男《おとこ》の指《ゆび》さした場所《ばしょ》を見《み》て、アール氏《し》は目《め》を丸《まる》くした。もう芽《め》が出《で》はじめている。

「これは驚《おどろ》いた。手品《てじな》じゃないだろうな」

「タネもしかけもありません、と申《もう》しあげたいところですが、さっきのタネが育《そだ》ったものです。さわってごらん下《くだ》さい」

手《て》でさわってみると、たしかに本物《ほんもの》だった。見《み》ているあいだに、芽《め》はどんどん成長《せいちょう》してゆく。

「ふしぎとしか言《い》いようがないな」

「しかけは、粉《こな》のほうです。成長《せいちょう》を早《はや》めるこの薬《くすり》を完成《かんせい》するのに、わたしは大変《たいへん》な苦心《くしん》を重《かさ》ねました。しかし、効果《こうか》はごらんの通《とお》り、すばらしいスピードアップでしょう」

タネをまいてから、まだ三時間《さんじかん》ぐらいしかたたないのに、花《はな》が咲《さ》き、実《み》がなりはじめていた。男《おとこ》は実《み》をもいでさし出《だ》した。

「めしあがってごらんなさい」

アール氏《し》は、こわごわ口《くち》に入《い》れた。どれもいい味《あじ》だった。

「うむ。悪《わる》くない。となると、便利《べんり》このうえない大発明《だいはつめい》だ。これを使《つか》えば毎日《まいにち》、とりたてで新鮮《しんせん》なくだものが食《た》べられることになるな」

「そういうことになります。たくさん、めしあがってみて下《くだ》さい」

アール氏《し》はつぎつぎに咲《さ》くアサガオの花《はな》をながめながらスイカ、イチゴ、トマトを口《くち》に運《はこ》んだ。

「やれやれ、おなかが一杯《いっぱい》になってしまった。ところで、この発明《はつめい》をわたしに売《う》ってくれないか。この薬《くすり》を大量生産《たいりょうせいさん》すれば、人《ひと》びとは喜《よろこ》び、わたしももうかる」

「じつは、わたしもそれをお願《ねが》いにきたのです。この研究《けんきゅう》のため、たくさんの借金《しゃっきん》を作《つく》ってしまいました」

話《はなし》はまとまり、アール氏《し》はお金《かね》を払《はら》った。男《おとこ》は薬《くすり》と、その製法《せいほう》を書《か》いた書類《しょるい》を渡《わた》し、お礼《れい》を言《い》いながら帰《かえ》っていった。

アール氏《し》は家《いえ》に入《はい》り、大喜《おおよろこ》びだった。

「さあ、いそがしくなるぞ。この薬《くすり》をどんどん作《つく》って、売《う》らなければならない」

だが、やがて首《くび》をかしげた。さっきあれだけスイカなどを食《た》べたのに、もうおなかがすいているのだ。

「これは、早《はや》まったことをしたようだ。この方法《ほうほう》で育《そだ》てたくだものは、おなかに入《はい》ってからも、スピードはおとろえないらしいぞ」

窓《まど》から庭《にわ》を見《み》ると、アサガオをはじめ、もうみんなすっかり枯《か》れてしまっていた。

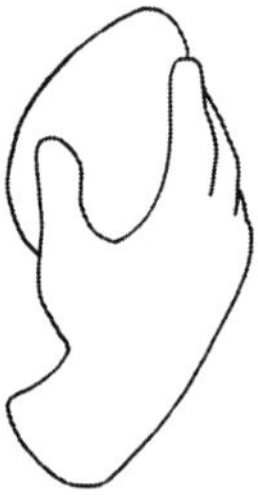

キツツキ計《けい》画《かく》

都会《とかい》からはなれた森《もり》のなかに、小《ち》さな家《いえ》があった。しかし、それは別荘《べっそう》などではなく、悪人団《あくにんだん》の本部《ほんぶ》だった。

ある日《ひ》。その首領《しゅりょう》は、ここに子分《こぶん》たちを呼《よ》び集《あつ》めて言《い》った。

「大《おお》きな計画《けいかく》を思《おも》いついたぞ。おまえたちにも、ひと働《はたら》きしてもらわなければならない」

「銀行強盗《ぎんこうごうとう》でもやろうというのですか」

と子分《こぶん》たちは身《み》を乗出《のりだ》した。だが、首領《しゅりょう》は手《て》を振《ふ》った。

「いや、そんなけちなことではない。いままで、だれひとり考《かんが》えもしなかったような、どえらい仕《し》事《ごと》だ。どうだ。やってみるか」

「やりますとも。命《めい》令《れい》を出《だ》して下《くだ》さい」

「それでは、まず町《まち》へ行《い》って金《かな》網《あみ》を買《か》ってきてくれ」

それを聞《き》いて、子《こ》分《ぶん》たちは首《くび》をかしげた。

「なんに使《つか》うのですか」

「大《おお》きな鳥《とり》小《ご》屋《や》を作《つく》るのだ」

「気《き》はたしかなんですか。ちっとも、どえらい仕《し》事《ごと》とは思《おも》えませんが」

「そのなかで、たくさんのキツキを育《そだ》てるのだ」

「ますます、わからなくなりました」

とふしぎがる子《こ》分《ぶん》に、首《しゅ》領《りょう》は言《い》った。

「おまえたちにもわからないとなると、だれにも気《き》づかれることなく、この計《けい》画《かく》を進《すす》めることができそうだ。成《せい》功《こう》への自《じ》信《しん》がついてきたぞ」

「いったい、キツキをどうするのです」

「押《お》しボタンを見《み》ると、クチバシで突《つ》っつくように訓練《くんれん》する。そして、町《まち》にむけて飛《と》び立《た》たせるのだ。どうなると思《おも》う」

「家《いえ》の門《もん》などについている、ベルのボタンを押《お》すでしょうね」

「そうだ。それぱかりではない。火災用《かさいよう》だの、防犯《ぼうはん》用《よう》だのの非常《ひじょう》ベルを、いたるところで押《お》すわけだ」

説明《せつめい》されているうちに、子分《こぶん》たちにもしだいにわかってきた。

「警察《けいさつ》は、さぞあわてるでしょう」

「そのほか、オートメーション工場《こうじょう》に忍《しの》びこんでボタンを押《お》しまくれば、へんな品物《しなもの》がぞくぞく出《で》てくる。コンピューターのある部屋《へや》に飛《と》びこんでキーを押《お》せば、めちゃくちゃな答《こた》えが出《で》はじめる」

「町《まち》じゅう、大混乱《だいこんらん》になりますね」

「そこだよ。そこへわれわれが乗《の》りこむ。どさくさまぎれに、欲《ほ》しい品物《しなもの》を手当《てあた》りしだいに持《も》ってこれるというわけだ」

「なるほど、なるほど。わかりました。さすがに首領《しゅりょう》だけあって、すごい計画《けいかく》です。さっそく、とりかかりましょう」

子分《こぶん》たちは大《おお》きな鳥小屋《とりごや》を作《つく》り、キツツキを育《そだ》て数《かず》もふやした。毎日《まいにち》エサをやりながら、クチバシでボタンを押《お》すように訓練《くんれん》した。

やがて、これでよしと見《み》きわめをつけた首領《しゅりょう》は、キツツキをいっせいに飛《と》ばせた。

「さあ、ラジオを聞《き》きながら待《ま》とう。まもなく、大《おお》さわぎのニュースが放送《ほうそう》されるだろう。そうしたら、われわれは宅配用《たくはいよう》の車《くるま》に乗《の》って出発《しゅっぱつ》するのだ」

しかし、いくら待《ま》っても臨時《りんじ》ニュースは放送《ほうそう》されなかった。夜《よる》になって待《ま》ちくたびれたころ、こんな平凡《へいぼん》なニュースが放送《ほうそう》された。

「きょう、町《まち》はずれにある鳥《とり》の研究所《けんきゅうじょ》にいたずら者《もの》が入《はい》りこんだらしく、ドアをあけるボタンが、しらないまに押《お》されてしまいました。そのため、実験用《じっけんよう》に飼《か》っていた、たくさんのタカが飛《と》び出《だ》してしまいました。しかし、夕方《ゆうがた》になると、ほとんどが戻《もど》ってきました。犯人《はんにん》はまだ不明《ふめい》ですが、このタカによって被害《ひがい》を受《う》けたかたは、研究所《けんきゅうじょ》へ申《もう》し出《で》れば、損害《そんがい》に相当《そうとう》するお金《かね》を払《はら》ってくれるそうです……」

これを聞《き》いて、悪人《あくにん》たちはがっかりした。はじめに、とんでもないボタンを押《お》してしまったようだ。せっかく飛《と》ばせたキツキが、みなタカに食《た》べられてしまったらしい。大《おお》もうけの計画《けいかく》がだめになり、大損害《だいそんがい》だ。しかし、だからといって、このことを申《もう》し出《で》るわけにはいかない。

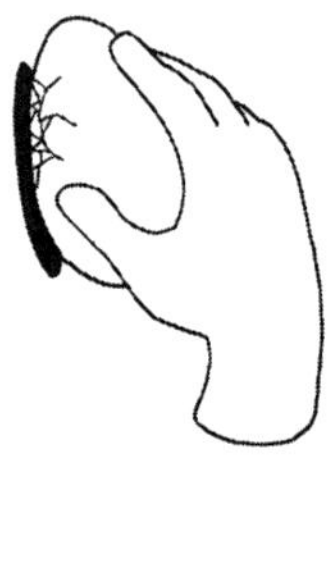

とりひき

煙《けむり》が立《た》ちのぼったかと思《おも》うと、悪魔《あくま》は音《おと》もなく出現《しゅつげん》した。時《とき》どき世《よ》の中《なか》にあらわれ、人《ひと》びとのあいだに悪《わる》いことをひろめるのが仕事《しごと》なのだ。

悪魔《あくま》は、あたりを見《み》まわした。静《しず》かな夜《よる》であり、近《ちか》くに小《ち》さな家《いえ》があった。近《ちか》づいてのぞいてみると、なかに男《おとこ》がひとりいる。悪魔《あくま》はしっぽをかくし、玄関《げんかん》の戸《と》をたたいた。

「こんばんは」

驚《おどろ》かれては困《こま》るので、できるだけやさしい声《こえ》を出《だ》した。出《で》てきた相手《あいて》は言《い》った。

「なんでしょうか。わたしは、ただの留守番《るすばん》ですが」

「じつは、あなたにすばらしいプレゼントをさしあげようと思《おも》って、やってきた者《もの》です」

「そのようなお話《はなし》でしたら、よその家《いえ》へいらっしゃったらいいでしょう。わたしは欲《よく》ばりではありません」

と、ことわられたが、悪魔《あくま》はていねいな口調《くちょう》で話《はな》しつづけた。

「遠慮《えんりょ》ぶかいかたですね。そのような人《ひと》こそ、わたしのプレゼントを受《う》けるにふさわしいのですよ」

「いったい、なんなのですか」

「どんな勝負《しょうぶ》ごとにも、勝《か》てるという力《ちから》です」

「そんな力《ちから》は、欲《ほ》しいと思《おも》いません」

「しかし、持《も》っていても、損《そん》はないでしょう。ぜひ、もらって下《くだ》さい」

「ご命令《めいれい》とあれば、いただきましょう」

「そうですよ。では……」

と、悪魔《あくま》は相手《あいて》の胸《むね》を指《ゆび》さし、なにやら口《くち》のなかで文句《もんく》をとなえた。そして言《い》った。

「さあ、これですみました。ためしに、サイコロをころがしてごらんなさい。一《いち》を出《だ》そうとすれば、かならずそれが出《で》ますよ」

「はい。やってみます」

サイコロは十回《じっかい》もつづけて一《いち》の目《め》が出《で》た。

「どうです。うれしいでしょう」

「べつに、うれしくもありません」

「いや、そのうち、ありがたみがわかりますよ。この力《ちから》をうまく使《つか》えば、好《す》きなだけ、お金《かね》がもうかるではありませんか……」

悪魔《あくま》は笑《わら》い顔《がお》になった。どんなまじめな人《ひと》でも、この力《ちから》を使《つか》ってみたくなる。そして、安易《あんい》にもうけた金《かね》は、安易《あんい》に使《つか》うにきまっている。ほかの人《ひと》たちはそれを見《み》て、まともに働《はたら》くのがばかばかしくなってくる。つまり、悪《あく》がひろまるというわけだ。悪魔《あくま》は、さらに言《い》いたした。

「これだけのものをさしあげたのですから、わたしのお願《ねが》いも聞《き》いて下《くだ》さい」

「なんでしょうか。おっしゃって下《くだ》さい」

「あなたが死《し》ぬ時《とき》には、魂《たましい》を下《くだ》さるという約束《やくそく》をして下《くだ》さい」

だが、相手《あいて》は気《き》の毒《どく》そうに言《い》った。

「魂《たましい》など、ありません」

「あなたがそうお考《かんが》えになっているだけのことです。ぜひ、約束《やくそく》をお願《ねが》いします」

「そんなにおっしゃるのなら、お気《き》に召《め》すように
いたしましょう。お約束《やくそく》します」
「これで、話《はなし》はきまりました。さよなら」
悪魔《あくま》は相手《あいて》の気《き》の変《か》わらないうちにと、すばやく
姿《すがた》を消《け》し、自分《じぶん》の国《くに》へと戻《もど》っていった。
つぎの朝《あさ》。その家《いえ》にエフ博士《はかせ》が友人《ゆうじん》を連《つ》れて
帰《かえ》ってきた。そして、こう説明《せつめい》した。
「これが、わたしの作《つく》ったロボットだ。命令《めいれい》には
すなおに従《したが》うし、よく留守番《るすばん》をしてくれる」

「人間《にんげん》そっくりですね」

と感心《かんしん》する友人《ゆうじん》に、博士《はかせ》はすすめた。

「どうだ。これを相手《あいて》にトランプでもやってみないか」

「いやですよ。精巧《せいこう》な電子頭脳《でんしずのう》をそなえたロボットが相手《あいて》では、なにをやっても負《ま》けるにきまっています。やろうとする人《ひと》など、あるわけがありませんよ」

これを知《し》ったら、悪魔《あくま》はさぞくやしがるだろう。

ロボットが勝負《しょうぶ》ごとで勝《か》ったからといって、悪《あく》はひろまらない。また、魂《たましい》の手《て》に入《はい》るのを待《ま》っていても、ロボットは死《し》なない。かりに死《し》んだとしても、魂《たましい》の残《のこ》るわけがない。

鏡《かがみ》のなかの犬《いぬ》

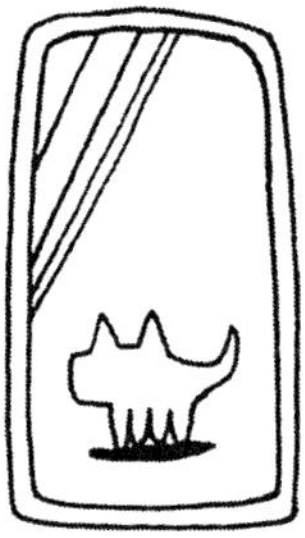

五郎《ごろう》くんが、草花《くさばな》を植《う》えかえようとして、庭《にわ》のすみをシャベルでほっていた。すると、シャベルがなにかに当《あ》たって、カチリと音《おと》がした。なんだろうと思《おも》って、注意《ちゅうい》しながらほり出《だ》してみると、それは古《ふる》い鏡《かがみ》だった。じょうろの水《みず》をかけて洗《あら》うと、鏡《かがみ》はきれいになって、あたりのけしきがうつるようになった。

五郎《ごろう》くんが、鏡《かがみ》をのぞきこんでいると、一匹《いっぴき》のかわいい犬《いぬ》が、鏡《かがみ》にうつった。まっ白《しろ》な、小《ちい》さな犬《いぬ》だった。
「おや、見《み》なれない犬《いぬ》がいるぞ」
五郎《ごろう》くんは、ふり返《かえ》って、いま、犬《いぬ》のうつって
いたあたりを見《み》まわしたが、犬《いぬ》はどこにもいな
かった。
そこで、また、鏡《かがみ》をのぞくと、そこには、ちゃ
んと犬《いぬ》がいた。
五郎《ごろう》くんは、ためしに、鏡《かがみ》にむかって、
「来《こ》い、来《こ》い」

と呼《よ》んでみた。するとその犬《いぬ》は、あっというまに、鏡《かがみ》からとび出《だ》して来《き》た。そして、五郎《ごろう》くんの足《あし》にじゃれついた。

「おまえは、鏡《かがみ》のなかに住《す》んでいるのかい」

ときいてみると、犬《いぬ》は、「そうですよ」と答《こた》えるように、ワンワンとほえた。五郎《ごろう》くんが、ポケットにあったビスケットをやると、犬《いぬ》は、うれしそうにしっぽをふって、それを食《た》べた。

「公園《こうえん》へ遊《あそ》びに行《い》こう」

五郎《ごろう》くんが、鏡《かがみ》を持《も》って走《はし》りだすと、その犬《いぬ》も五郎《ごろう》くんについて走《はし》りだした。

公園《こうえん》は、五郎《ごろう》くんの家《いえ》のすぐ近《ちか》くだ。公園《こうえん》に来《く》ると、五郎《ごろう》くんは、きのうのことを思《おも》い出《だ》して、

「きのう、このへんで野球《やきゅう》をして、新《あたら》しいボールをなくしてしまったんだよ」

と言《い》った。

すると、犬《いぬ》は、しばらく首《くび》をかしげていたが、ワンワンとほえて、いきおいよくかけだした。五《ご》

郎《ろう》くんは、あとを追《お》いかけて、犬《いぬ》の立《た》ち止《ど》まった草《くさ》むらへ行《い》ってみた。そこには、きのうなくしたボールが、ちゃんところがっていた。

「すごいな。よく見《み》つけてくれたね。おまえは、りこうな犬《いぬ》なんだなあ。なくしたものは、なんでも見《み》つけることができるのかい」

犬《いぬ》は、ワンワンとほえて、うなずいた。

「それなら、ぼくがいつかなくした、メダルを見《み》つけてくれるかい」

犬《いぬ》は、また、元気《げんき》よくかけだした。五郎《ごろう》くんが、あとからついて行《い》くと、犬《いぬ》は、おふろ屋《や》のうらのあき地《ち》へ行《い》った。そして、土管《どかん》のつんである所《ところ》でとまった。見《み》ると、犬《いぬ》の足《あし》もとには、ちゃんとメダルが落《お》ちていた。

「なんだ。こんな所《ところ》にあったんだな。ぼくは、公《こう》園《えん》でなくしたんだとばかり思《おも》っていたよ。ほんとうに、りこうな犬《いぬ》だ」

五郎《ごろう》くんが、頭《あたま》をなでてやると、犬《いぬ》はよろこんでしっぽをふった。

そのうち、犬《いぬ》は、立《た》ち上《あ》がったかと思《おも》うと、鏡《かがみ》のなかにとびこんで行《い》った。

五郎《ごろう》くんは、しばらく鏡《かがみ》のなかを見《み》ながら考《かんが》えていた。

「あっ、まだ、ビスケットがのこっているぞ」

五郎《ごろう》くんは、ポケットからビスケットを取《と》り出《だ》して、それを見《み》せながら、犬《いぬ》を呼《よ》んだ。すると、犬《いぬ》は、また、鏡《かがみ》のなかからとび出《だ》して来《き》た。

ビスケットを食《た》べている犬《いぬ》に、五郎《ごろう》くんは命令《めいれい》した。

「ぼくは、前《まえ》から、双眼鏡《そうがんきょう》がほしかったのだ。だれかがなくした双眼鏡《そうがんきょう》のある所《ところ》へ、連《つ》れて行《い》ってくれ」

だが、こんどは、犬《いぬ》は動《うご》こうとしなかった。そこで、五郎《ごろう》くんは言《い》った。

「連《つ》れて行《い》ってくれないのなら、鏡《かがみ》をこわして、おまえを帰《かえ》れなくしてしまうぞ。それでもいいのかい」

しかし、犬《いぬ》は、ちっとも動《うご》かなかった。

五郎《ごろう》くんは、おこって、石《いし》ころを拾《ひろ》うと、鏡《かがみ》に投《な》げつけた。しかし、その石《いし》が、鏡《かがみ》にぶつかる少《すこ》し前《まえ》に、いままで動《うご》かなかった犬《いぬ》が、ぱっと鏡《かがみ》のなかにとびこんだ。そして、石《いし》は、犬《いぬ》のとびこんだ鏡《かがみ》を、こなごなにこわしてしまった。

「しまった」

五郎《ごろう》くんはこうさけんだが、もうおそかった。

あわてて、われた鏡《かがみ》のかけらを拾《ひろ》って、一《ひと》つずつのぞきこんでみた。しかし、どのかけらにも、あのりこうな、白《しろ》い犬《いぬ》のすがたは見《み》えなかった。

あらゐけいいち／絵《え》

12月《がつ》29日《にち》群馬県《ぐんまけん》生《う》まれ。漫画家《まんがか》／イラストレーター。2006年《ねん》より「月刊《げっかん》少《しょう》年《ねん》エース」（角川書店《かどかわしょてん》）にて漫画《まんが》『日常《にちじょう》』を連載《れんさい》。

星《ほし》　新一《しんいち》／作《さく》

1926年《ねん》東京《とうきょう》生《う》まれ。東京大学農学《とうきょうだいがくのうがく》部卒《ぶそつ》。1957年《ねん》日本《にほん》で初《はじ》めてのＳＦ同人《エスエフどうじん》誌《し》「宇宙塵《うちゅうじん》」の創刊《そうかん》に参加《さんか》。家業《かぎょう》である星製薬株式会社社長《ほしせいやくかぶしきがいしゃしゃちょう》を経《へ》て、1968年『妄想銀行《もうそうぎんこう》』で第《だい》21回《かい》日本推理作家《にほんすいりさっか》協会賞《きょうかいしょう》を受賞《じゅしょう》。ショートショートの第一人者《だいいちにんしゃ》として1001以上《いじょう》の作品《さくひん》を発表《はっぴょう》した。著書《ちょしょ》に『きまぐれロボット』『ちぐはぐな部品《ぶひん》』『宇宙《うちゅう》の声《こえ》』『ごたごた気流《きりゅう》』『竹取物語《たけとりものがたり》』（いずれも角川《かどかわ》文庫《ぶんこ》）ほか多数《たすう》。1997年《ねん》、永眠《えいみん》。

http://www.hoshishinichi.com/

読書工房めじろーブックス

大きな文字の角川つばさ文庫

きまぐれロボット

星 新一・作

あらゐけいいち・絵

2024年7月31日初版発行

［発行所］

有限会社 読書工房

〒171-0031

東京都豊島区目白2-18-15

目白コンコルド115

電話：03-6914-0960

ファックス：03-6914-0961

Eメール：info@d-kobo.jp

https://www.d-kobo.jp/

［印刷・製本］

株式会社デジタル・オンデマンド出版センター

ISBN978-4-902666-76-2 N.D.C. 913 282p 21cm

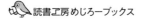